保育の楽しみ方が
わかる本

子どもの〈気づき〉を活かす保育のすばらしさ

森川 紅

［事例］
↓
［振り返り・解説］
＋
倉橋惣三のことば
からも…

ひかりのくに

はじめに

**倉橋惣三の
ことばより**　　はじめのことばとして

　自ら育つものを育たせようとする心。それが育ての心である。世にこんな楽しい心があろうか。それは明るい世界である。温かい世界である。育つものと育てるものとが、互いの結びつきに於て相楽しんでいる心である。

倉橋惣三選集　第三巻　育ての心　P.12

　子どもは、本来的に好奇心旺盛でさまざまなことに興味を持って活動しています。好奇心あふれる子どもにとって身近な環境は、「なぜ？」「どうして？」と興味や関心を抱く未知なものや出来事が多く、いろいろな気づきをしています。興味や関心があり、気づいたことには夢中になって取り組みます。遊ぶ中で気づいたことには、「もっとしりたい」と探究心や思考力をはたらかせていきます。

　保育内容の本質は、子どもの身近な環境の中での「気づき」を活かすことだといえます。また「気づき」のひとつひとつは一見何の脈絡もないように見えますが、保育者が子どもの心に寄り添い、共感し、紡いでいくことにより、子どもの気づきの本質が見えてきます。

子どもの「気づき」は、"保育のタネ"といえるでしょう。子どもの育つ力を信じて保育することにより、タネは根をはり、成長していきます。保育者が子どもの「気づき」を保育に取り入れていくことは、みずから課題を見つけ、みずから学び、みずから考え、行動するなど幼児期にふさわしい生活を送らせることになります。

　本書は、子どもの「気づき」に寄り添うことにより、楽しい保育が展開していくことについて、多くの事例を挙げて述べています。［事例］は子どもの「気づき」が見え、共感していく保育を目ざし、子どもから学んできた保育者の実践です。保育に携わる老若男女すべての人たちが、子どもの「気づき」に近づけるように、［振り返り・解説］を事例の後に付しています。保育の本質、大切なところです。

　また、各章の冒頭に倉橋惣三のことばを配しています。公私幼保、そしてこれからのこども園、どんな施設であろうとも、保育にとって変わらない重要なことがらを述べています。その言葉をかみしめつつ、各章に入ってください。

　保育の大切さ、よさ、すばらしさがもっと感じられる保育者になりましょう。

森川　紅

目次

はじめに ………………………………………………………………… 2

第1章 子ども主体の保育

倉橋惣三のことばより …本章はじめのことばとして ……………… 7

[事例❶] どうしたら、たけうまにのれるんだろう …………… 10
　[振り返り・解説] ……………………………………………… 12

[事例❷] 子どもたちと考え合った"うんどうかい" …………… 14
　[振り返り・解説] ……………………………………………… 18

[第1章の総まとめ] ……………………………………………… 19

第2章 自然からの気づきと子どもの心

倉橋惣三のことばより …本章はじめのことばとして ……………… 21

[事例❸] 「おやまが、ピンクいろや！」 ……………………… 26
　[振り返り・解説] ……………………………………………… 27

[事例❹] 「あっ、わたげがうまれた！」 ……………………… 29
　[振り返り・解説] ……………………………………………… 30

[第2章の総まとめ] ……………………………………………… 31

第3章 遊びを創り出す子ども

倉橋惣三のことばより …本章はじめのことばとして ……………… 33

[事例❺] 草の実遊びから、ダーツ作りへ ……………………… 36
　[振り返り・解説] ……………………………………………… 39

[第3章の総まとめ] ……………………………………………… 41

第4章　風を感じて遊ぶ

倉橋惣三のことばより…本章はじめのことばとして ……… 43

[事例 ❻]「およいだおよいだこいのぼりみたいや」……… 47
　[振り返り・解説] ……………………………………… 48

[事例 ❼]「やったぁ、かぜつかまえた！」……………… 51
　[振り返り・解説] ……………………………………… 53

[事例 ❽]「かぜのちからや！」「そうや、かぜがふいたからや」 55
　[振り返り・解説] ……………………………………… 57

[事例 ❾]「あれ？　ならないよ」……………………… 58
　[振り返り・解説] ……………………………………… 60

[事例 ❿]「やったぁ！　あがったあがった」………… 61
　[振り返り・解説] ……………………………………… 64

[第4章の総まとめ] …………………………………… 65

第5章　水と遊ぶ子ども

倉橋惣三のことばより…本章はじめのことばとして ……… 67

[事例 ⓫]「そうや！　これは"うずまき"や」………… 70
　[振り返り・解説] ……………………………………… 71

[事例 ⓬]「そうか！　みずがまわっているんや」…… 72
　[振り返り・解説] ……………………………………… 74

[事例 ⓭]「あっ、そうか、みずは、ちからもちなんや！」… 75
　[振り返り・解説] ……………………………………… 77

[事例 ⓮]「すごい！　つちのなかにこおりがある」… 78
　[振り返り・解説] ……………………………………… 80

[第5章の総まとめ] …………………………………… 82

第6章　光に気づいて遊ぶ

倉橋惣三のことばより…本章はじめのことばとして ……………… 83
［事例 ⓯］「あっ、まんまるや！」 ………………………………… 87
　［振り返り・解説］ ……………………………………………… 87
［事例 ⓰］「なにか、もやもやって、うごいている！」 …………… 88
　［振り返り・解説］ ……………………………………………… 91
［事例 ⓱］「ねっ、うつっているでしょ！」 ……………………… 92
　［振り返り・解説］ ……………………………………………… 94
［事例 ⓲］「あっ、おはながうつっている」 ……………………… 96
　［振り返り・解説］ ……………………………………………… 97
［事例 ⓳］「あっ、みどりいろのかげや！」 ……………………… 98
　［振り返り・解説］ ……………………………………………… 100
［事例 ⓴］「あっ、にじはっけん！」 ……………………………… 101
　［振り返り・解説］ ……………………………………………… 103
［第6章の総まとめ］ ……………………………………………… 104

終章　子どもの「気づき」のための環境構成と保育者の役割
　～"おわりに"としても～

倉橋惣三のことばより…本章はじめのことばとして ……………… 105

```
STAFF　装丁・本文レイアウト／曽我部尚之
　　　　編集／安藤憲志　　校正／堀田浩之
```

第 1 章
子ども主体の保育

倉橋惣三の ことばより　　本章のはじめのことばとして

　人生教育の全過程に対する基本として、真乎重要なるものは、知能の早き獲得にあらずして、生命の発展勢力の増進と統制とにある。無限の元気であり、多面の興味であり、不断の試行力であり、しかして、年齢に相応せる適度の自己統制とである。皆これ、知能の成果ではなくして、生活活力そのものである。生活活力は根の力である。すなわち、就学前教育は根の教育である。根の力は、自己発展力である。すなわち、就学前教育は自己発展力の教育である。

倉橋惣三選集　第三巻　就学前の教育　P.423

　子どもが飛びついて来た。あっと思う間にもう何処かへ駆けて行ってしまった。その子の親しみを気のついた時には、もう向こうを向いている。私は果たしてあの飛びついて来た瞬間の心を、その時ぴったりと受けてやったであろうか。それに相当する親しみで応じてやったろうか。

倉橋惣三選集　第三巻　育ての心　P.40

子どもはみずから身近な環境に興味や関心を持って、自発的に、主体的にかかわり活動していきます。したがって、豊かに伸びていく可能性を秘めた子どもは、自分自身で進んで物事に取り組み、さまざまなことを学び成長していくといえます。

　子どもは自分が大人に愛され、支えられ、認められていると感じ取ると、子どもが本来持っている人間らしい相手を思いやる心を発揮していきます。また、自分ができるようになったことは友達もできるようになってほしいと願い、友達と育ち合い、自分の可能性を伸ばし、自分たちで遊びを考え、広げます。ここに幼児期にふさわしい生活があり、倉橋惣三がいう「根の教育」、すなわち自己発展力があるといえます。保育者は、子どもが遊びの中で、友達とのかかわりや体験を通して成長をしていく姿を見守り、子どもみずからの「育つ」力を支えていく、子どもを主体においた保育の展開が大切です。

　子どもの主体的な活動は、ほかの子どもとのかかわりの中で深まり、豊かになるものです。子どもたちは、その中で互いに必要な存在であることを認識するようになり、かかわりは深まっていきます。

　［**事例❶**］では、そのような子どもの姿とさまざまな形でかかわる保育者の姿が読み取れます。"子ども主体"の保

育は、保育者が何のかかわりも持たないところからは生まれません。保育者の行動がわかりやすいように**下線**を引いてあります。注意しながら読んでください。子どもの「気づき」に共感する保育者の言葉を見逃さないで、自分の保育に活かしましょう。

［事例❶］ どうしたら、たけうまにのれるんだろう
(5歳児)

　進級して5歳児クラスになった子どもたちは、卒園していった年長児がやっていたように自分たちもやろうと、何事にも意欲的に取り組もうとします。そこで、自分の興味を持った運動に取り組めるように、毎日"運動チャレンジ"の時間を設けることにしました。

　R男、K子たちは、4歳児のころから、5歳児が得意に竹馬に乗っている姿をあこがれのまなざしで見ていたので、進級すると早速、竹馬を持ち出して張り切って乗ろうとします。しかし、あこがれのまなざしで見るのと実際にやるのとでは大違い。なかなか乗ることができず、「むずかしいなぁ、ぞうぐみさん（昨年度の年長組）はやっぱりすごい！」「どうやったらできるだろう？」と、あらためて難しさを実感しています。<u>保育者は、子どもたちの乗りたいという思いに共感し、乗り方のコツを知らせたり、支えたり、励ましたりするうちに、1歩、2歩…と乗れるようになっていきました。</u>

　ほかの子どもも縄跳びやフープなど好きな運動に楽しくチャレンジするのですが、そんな中で、園庭を走り回っているT男、K男たちもいます。

　ひとりひとりの子どもが興味を持ってチャレンジして

いる姿や、できるようになったことをみんなの前で発表し、認め合っていくうちに自信を持つようになり、自分もやってみようとする意欲的な子どもが増え、その姿は徐々にクラスに広がっていきました。

　1月になると、クラスの3分の2以上の子どもが竹馬に乗れるようになりました。K男が初めて自分から竹馬を持ち出してきました。保育者がかかわろうとすると、K男といつもいっしょに遊んでいるT男がすぐにK男のそばに走って行って、乗り方を教えたり、ふらつきながらも一生懸命に竹馬を支えて、「1、2、3…」と歩数を数えたりしています。すでに乗れるようになっているT男は、"K男も乗れるようになるといいのになぁ"と思っていたのでしょう。

　保育者はふたりの姿をうれしく思い見守っていると、その日からT男は必ずK男の練習について、「せんせい、Kくん、10ぽあるけたよ」「こんどは30ぽできた、すごいやろ！」と、自分のことのように、うれしそうに知らせに来ます。保育者が「えー、ほんと？　Kくんすごいね」「Tくんのおかげやね、ありがとう！」と言うと、T男はとても満足そうです。

　2月、H子が初めて竹馬にチャレンジです。そのようすをそばで見ていたH男が、「Hちゃん、これでやって

み」と言って、自分が使っていた持ち手の短い竹馬を手渡しました。「えっ、どうして？　Hくんが使っていたのにいいの？」と、保育者が尋ねると、「ちいさいほうが、はじめは、のりやすいんや、ぼくはもうのれるし、ぼくもTくんにやってもらったから」と、言います。1月ごろ、H男はT男に支えてもらって乗れるようになったうれしい気持ちを、今度はH子に伝えているのです。

　正義感が強すぎて、つい乱暴な言葉を使い、すぐに手が出ることが多かったH男ですが、友達の気持ちをしっかりと受け止められるようになってきている姿をうれしく思いました。

[振り返り・解説]

◆ 子どもの思いを受け止め、活動の場を設定

　昨年度の年長児にあこがれ、自分たちも年長児になったらできると、そのときがくるのを待っていた5歳児の気持ちを十分に察している保育者は、子どもたちが主体的に取り組めるように、"運動チャレンジ"の時間を設定しています。子どもたちのやる気の力を信じて、自分から行動を起こせるようにかかわっているのです。ここに主体性をはぐくむ保育者の構えが見られます。R男、K子たちは、保育者の支えや励

ましにこたえて、竹馬や縄跳び、フープの遊びにチャレンジし、できるようになったことで自信を持ち、さらにやってみようとする意欲的な雰囲気はクラス中に広がります。

◆ 育ち合う子どもたち

　保育者の、子どもの思いを知りその願いに添うようにかかわる姿は子どもたちに影響を与えています。1月、今まであまり"運動チャレンジ"に興味を示さなかったK男が、竹馬を乗ろうと持ち出したとき、いつもいっしょに遊んでいたT男（すでに乗れるようになっている）がすぐにK男のそばで竹馬を支えています。2月に、H子が初めて竹馬にチャレンジするとき、H男は、「Hちゃん、これでやってみ」と言って、自分が使っていた竹馬を貸しています。

　さまざまな遊びの中で子どもが興味や関心、能力に応じて全身を使って活動することが、自信となり、友達を思いやり、支え、できたときは自分のことのように喜んでいます。子どもは保育者に支えられて、周りの友達に育てられているという育ち合う関係が広がっているのです。

　子どもを主体として保育を進めることが、子どもと保育者の間に、自分がやりたい遊びを十分に楽しむ生活を送ることができる、支えられているという信頼関係が育っていっているからだといえます。この子ども主体の保育・信頼関係は子どもが成長していくうえでとても重要なことだといえます。

次の［事例❷］では、［事例❶］のような実践の積み重ねが生んだ例です。保育者が【させる】行事と子どもの【する】行事とを考えていく、これからの保育への提案です。

［事例❷］　子どもたちと考え合った"うんどうかい"
(5歳児)

　例年、運動会を体験している子どもが積極的にやりたいと願う園行事としての運動会は、園生活のしぜんな流れの中で、子どもが主体的に楽しく活動していることを、子どもたちと相談しながら創り出していく運動会ではないかと考えます。

　子どもは毎日の生活の中で、「きょうは○○してあそぼう」「きのうのつづきの○○をしてあそびたい」などと、考えたり、工夫したりしながら、次々と自分の興味のある活動に挑戦していきます。叱咤激励して見事に演じきる子どもの姿ではなく、子ども中心の運動会をすることにより、子どもが「やりたい」と挑んでいく姿を、生き生きと遊んでいる姿を、表現させたいものです。

　保育所は長年在園している子どもが多いので、年長児になると子ども自身のイメージする運動会があります。そこで、子どもたちの発想を引き出しながら、日常の保

育活動を活かし、子どもと保育者の共同の創造活動を「練習をしないうんどうかい」としました。

　子ども中心の運動会は、乳児から５歳児の運動遊びを中心においた総合活動として、家族や地域の人々みんなが楽しめる集いの会になるように考えました。子どもが主体的に取り組むコーナー遊びの部分と、プログラムに沿って活動する部分とのバランスを考えて２部形式にしました。会場には運動場、遊戯室、保育室、裏庭などを使用し、運動会や保育所の雰囲気を感じられるようにしました。

　コーナー遊びには

● 乳児の運動遊び

　ふだんの生活リズムを崩さない参加の中で親子、きょうだい、祖父母と共にゆったりとした時間の中でかかわって活動できるようにしました。

・牛乳パックを利用した手作りの柵、階段、長イスを利用してつかまり立ちや伝え歩きのコーナー。くぐったりまたいだりできるコーナー。
・ボールプールに滑り台の滑り面を入れたコーナー。

● トンネルくぐり

　数か所の高さ、幅、長さの異なる段ボールの入り口から、迷路のようなトンネルを、はって出口へと進む。

● まるたわたり

　床に置いた長さや太さの異なる丸太（枯れ木）の上をバランスを取りながら前進、後進、横歩きなどで渡る。

第１章　子ども主体の保育　15

● ケンパー

　床にトレースを描いておき、保護者や地域の人から、昔よく遊んだ遊びを子どもに伝えてもらう。

● はしごわたり

　巧技台にはしごを渡し、下から登って行く。(能力や年齢によって手を使う)

● ゴムとび

　約150cmの間隔にゴムを張ったポールを3～4対並べ、高さの異なるゴムを跳んだりくぐったりする。

● やまこえ

　高さ120cmの階段状に積み上げたとび箱、巧技台をロングマットで覆い、そこを助走をつけて駆け上り、飛び降りる。

● てつぼう

　前回り、足掛け回り、後ろ回りなどに挑戦する。

● とびばこ

　4段と5段をよじ登り、飛び降りるときにタンバリンをたたく。

● 開脚飛び越し

　自分の高さに合ったとび箱を、踏み板(ロイター板)を利用して飛び越す。

● ケンケン

　床にビニールテープで四角の図を描き、その周辺を片足で跳び続ける。

● マット

　横転、前転、後転、側転など。

● 裏庭探検

　運動会をさらに総合活動にするため、園舎の裏側を1周できるようにし、さまざまな活動(くぐる、飛び石渡り、いろいろな音の出るもの・空き缶・鍋・しゃもじ・スプーン・がらがら・

鈴・タンバリンなどの楽器をぶら下げて鳴らす、狭い通路を通る)などができるように工夫し、個々に活動を楽しみながら進む。

　など、子どもの主体的な活動としての運動会になるよう、子どもの考えや日常的に取り組んでいることを活かしながら、保育者は、子どもが ① 新しい体験をする、② 安全に必要な能力を学ぶ、③ 協力を学ぶ、④ 限りない可能性への挑戦ができる、⑤ 明確なイメージを持って活動するといったことを念頭に置いて、1歳児から5歳児という年齢幅の広い子どもたちひとりひとりの発達に応じた、運動会のメニューを考えて活動を展開し、援助していきました。日常の園生活の活動のクライマックスが運動会当日となることが大切だと考えたのです。

　保護者に対しては「練習をしないうんどうかい」について、趣旨を説明し、理解を得るための下のような手紙を出しました。

　……子どもたちが毎日の遊びの中で「今日はこうして遊ぼう」「こうしたらもっと楽しい」「昨日の続きをしたい」などと考えたり工夫したりして次々と挑戦する姿を大切にし、生き生きと遊んでいる姿を見ていただきたいと思います。いろいろな運動機能をきちんと押さえて、伸びていく構えを育てる運動会を目ざしたいと考えています。……

　運動会は、親も、子どもも、それぞれの思い入れが

あって楽しく待たれるハレの日で、当日に向けて期待を膨らませていきます。それだけに、子どものそばに立って楽しい運動会をすることが大切だといえます。どの子にも得意なところがあり、そこを活かしていちばんよく見せることができるように、プログラムを工夫します。その過程で、「子ども主体で活動する姿」や「ひとりひとりが自信にあふれて表現している姿」に成長の手ごたえを感じ、<u>保育する者も喜びを得て、保育者自身も運動会そのものを楽しみます。</u>

　プログラムに沿って活動する場面には
● **親子体操**……………………園児と保護者
● かけっこ・リレー………園児
● 紅白玉入れ……………園児と祖父母・地域の人
　など

　親と子どもと地域を包み込んで、ハレの日、運動会を待ちわび期待感と充実感に満たされていきます。それが、子どもと共につくり上げる運動会「練習をしないうんどうかい」になりました。

[振り返り・解説]

　子どもにとって運動会の意義は、「あーおもしろかった」「運動することが好き」という子ども主体の、子どもの成長

を願う楽しい集いであることだといえます。そしてそのことが、子どもを生き生きさせ、翌日からの生活のスタートとなっていくことになります。それは、日々の遊びでさまざまな運動機能を押さえ、ひとりひとりの子どもが存分に楽しい生活をしていけば、「あー終わってよかった」ではなく、「楽しかった」「あしたもやりたい！」という、翌日からの生活のスタートとなっていくでしょう。

　これからの保育者は、子どもが主体性を持って生きていけるように、子どもの気づきに寄り添って、さまざまな援助をしていることを、もっと保護者に、社会に発信していかなくてはなりません。そのような個々の保育者の思いと行動が日本の社会全体が保育の大切さに気づいていけるようになるための第1歩です。

　子どもたちの【気づき】に心を傾けることの楽しさ、喜び、私たち保育者にしか味わえないことですが、それを伝える、広めていく、保護者と共に分かち合う、社会全体がよい方向に向かうことでもあるのです。

［ 第 1 章の総まとめ ］

　本章の冒頭に挙げた倉橋惣三の言葉は、子どもの「気づき」にいつも心を寄せようとする保育者にとっての教訓です。子

どもの「気づき」に気づける私であったろうか。日々の反省、これこそが自己評価なのです。

そして、その積み重ねをすることによってこそ、子ども主体の保育が生まれるのです。そのことを忘れずに保育を楽しみましょう！

第2章
自然からの気づきと子どもの心

**倉橋惣三の
ことばより**　　本章のはじめのことばとして

　子どもは心もちに生きている。その心もちを汲んで呉れる人、その心もちに触れて呉れる人だけが、子どもにとって、有り難い人、うれしい人である。
　子どもの心もちは、極めてかすかに、極めて短い。濃い心もち、久しい心もちは、誰でも見落とさない。かすかにして短き心もちを見落とさない人だけが、子どもと倶にいる人である。

倉橋惣三選集　第三巻　育ての心　P.36

　子供の自己活動のもっとも正当なまた最適当な資料として自然のごとくいいものはない。理屈なく教え、教えずして活動せしむるもの、自然にしくものはない。仮に草原に子供を放って、自由に遊ぶままを見よ。きまり切った積木や折紙の練習と違って、いかに存分に、いかに楽しく、子供らの自己活動が擅にせらるるかに驚くであろう。

倉橋惣三選集　第二巻　幼稚園雑草　P.53

幼児期において、「子供の自己活動のもっとも正当なまた最適当な資料として自然のごとくいいものはない」と本章の冒頭で倉橋惣三が言っているように、子どもは自然とふれあう中で、自然の大きさ、美しさ、不思議さなどに「気づき」、心を揺さぶられ、発見し、好奇心を発揮して遊びます。

◆ 幼児期における自然の持つ意味

自然にかかわって遊ぶ中で不思議さに気づき、触る、見つめる、聞く、匂(にお)う、味わうなどの諸感覚のすべてを働かせる遊びはおもしろく、子どもの「気づき」を生かす保育の創造とその展開は、直接体験や感動体験を積み重ね、充実させ、さらなる探究心や学びの喜びをはぐくむことにつながるといえます。

子どもの「気づき」を活かす保育の展開は、子どもの発達に見合った保育であり、生活態度を能動的にさせ、自己充実を促がし、豊かな感性や探究心をはぐくみ、発達にふさわしい生活を送らせる、人間として「生きる力」の源になるといえます。

◆ 「気づき」と子どもの学び

子どもの「気づき」を活かす保育について考えるにあたり、気づきの「気」については広辞苑や明鏡国語辞典から見てみたいと思います。そこには「生命の原動力となる勢い」、「活

力の源」、「はっきりとは見えなくても、その場を包み、その場に漂うと感ぜられるもの」、「生命力や活力の根源となる心の働き」、などとあります。

　「幼稚園教育要領」や「保育所保育指針」の気づきに関する事項は、「ねらい」や「内容」などに「気づき」や「気づく」が多く使われています。領域「環境」の内容に、「自然に触れて生活し、その大きさ、美しさ、不思議さなどに気付く」とあります。また「教育要領」の「内容の取り扱い」には、「幼児が、遊びの中で周囲の環境とかかわり、次第に周囲の世界に好奇心を抱き、その意味や操作の仕方に関心をもち、物事の法則性に気付き、自分なりに考えることができるようになる過程を大切にすること」と記されています。前述のことから、子どもの「気づき」は、子どもの学びにつながるといえます。「気づき」を保育者が感じ取り確かに受け止めていかなければ、子どもの生命力の原動力となる勢いは失せてしまい、子ども自身で気づいたり、自分なりに考えたりする力が身につかないことになりかねないといえます。

◆ 自然事象から「気づき」、学ぶ喜び

　自然にかかわる中で子どもはいろいろと自分なりに考え、「そうなんだ」と気づいていきます。例えば、遊んでいるときに急に空が曇ってくると、「あっ、くらくなった！」とだれかが気づくと、友達といっしょに空を見上げ、「あっ、くろ

いくもや！」「あめがふってくるのかな？」「おへやにはいろう」などと話します。空模様から天気を予測し、自分の行動に活かしていきます。このように子どもが身近な自然の事象に「気づき」、不思議さに驚き、「○○だから」「つぎはこうなる」などと自分なりに考え、空の変化について知っていきます。

　子どもが自然にかかわって気づいたことを保育者に認められることは、子どもが本来的に持っている豊かな可能性を存分に伸ばし、知りたい、学びたいという意欲を育てることになります。「気づき」は子どもの発見であり、喜びであり、「ふしぎだなぁ」「どうしてだろう」と、考えたり工夫したりして、主体的に活動していきます。

◆ 気づきと子どもの遊び

　子どもは自然にかかわって遊ぶ中で、さまざまな出来事に「気づき」、心を揺さぶられ、好奇心からもっとよく見たい、知りたいという願望を持っていきます。暑い夏に裸足で室外に出ると、「あつっ！つちがあつい」「ここのつち（木陰）はあつくない」「かいだんのしたはどうかな？」と園庭中を歩いて試します。砂場では、穴を深く掘ると「したのほうがつめたいよ」「ほんとや、つめたくていきもち！」「なんでかな？」「つちがくろいほうが、つめたいんかな？」と話します。友達が、「つちがあつい」と言ったことに共感し、共に

考えたり試したりして土についてもっと知りたいと願っていることが見えてきます。子どもの活動は本性として子どもみずからの中に備わっている諸感覚を働かせ、場所によって土の温度や色が違うことに気づくという遊びそのものの質を高めているのです。

　倉橋惣三は「かすかにして短き心もちを見落とさない人だけが、子どもと倶にいる」と本章の冒頭で言っていますが、まさにそのような保育者が見守っていることの大切さを思います。

　次に紹介する［事例❸］では、保育者のさりげないかかわりが光っています。何もしない何も考えないのではないのですが、さりげないところが保育なのです。「気づき」を生まれさせる雰囲気、ほっとするあったかい空間を作れることなどを感じてください。

[事例❸]「おやまが、ピンクいろや！」

（4歳児）

　4月、4歳のM子が、園庭にじっと立っています。保育者はM子の目線の先を追いながら、「Mちゃん、どうしたの？」と声をかけました。すると、M子は「おやまが、ピンクいろや！」と言って山のほうを見ています。保育者は、「えっ？」と、M子と同じ目線に立って見ました。「あっ、ほんと、ピンク色やね！」「どうして？」と問いかけると、「サクラがさいとんや！」「そうね、サクラが咲いているんやね」「きれいやなぁ！」「ほんと、きれいね」と、保育者は、"山がピンク色"と言ったM子の気持ちに共感しながら、いっしょにピンク色に染まった山を眺めました。

　数日後、園庭にサクラの花びらが落ちています。M子が、早速に見つけて拾い、「あっ、サクラの花びら！」と、驚いています。保育者が「えっ、どうしてサクラの花びらが落ちているのかな？」と言うと、「おやまから、とんできたんや！」と言ってピンク色の山を指さします。「えっ！　あのお山から？すごいね」と、M子の"ピンク色に染まった山"への想いに共感しました。

　4月下旬、「あっ、おやまが、みどりいろにかわった！」「サクラのおはながおわったら、はっぱがでてくるん

> や！」とM子。保育者は、<u>身近な山の変化に気づいていることに感心し、M子の気づきをていねいに受け止めて</u>いきました。

［振り返り・解説］

◆ 子ども目線に立って、あるがままの気持ちを受け止める

　4月の子どもたちは、新しい環境にとまどいながら、周りの環境にかかわって自分の居場所を見つけていくときです。その日一日、楽しそうに見える子どもも、心の奥底には不安や緊張感を潜ませてはいないでしょうか。保育者は、直感的洞察力を持って子どもの気持ちをくみ取り、子どもの目線の先を追いながら、「Mちゃん、どうしたの？」と声をかけ、ゆっくりと会話をするときを持っています。子どものすなおな思いや気持ちをあるがままに受け止めているのです。

◆ 感動体験は共感され、より確かになっていく

　園庭から見える遠くの山を見て、「おやまが、ピンクいろや！」と言い、拾ったサクラの花びらから山の色がしだいに緑色に変わることに、「サクラのおはながおわったら、はっぱがでてくるんや！」と、イメージを膨らませたM子は、ピンク色の山に対する感動体験が保育者に共感され、より確かなものとなり、興味や関心を持続させていきます。子どもの

思いを保育者が理解し、認めることによって子どもの心の中に心地良さが広がり、自己肯定観が生じ、豊かな心になっていったことでしょう。

◆ **子どもの言葉に耳を傾け、心を受け止める**

　私たちは、子どもに変化・成長することばかり求めて、ゆったりとした時間の流れの中での生活や子どもの現在を共感的に受け止めることを忘れ、省略化させながら、子どもとの時間を過ごしてはいないでしょうか。乳幼児期の子どもに接するときは、まだ十分に言葉では表現できない時代を生きている子どもの心の奥にあるものを読み取っていく必要があるといえます。子どもの心の育ちとは、今子どもの心の奥にあるものを共感的に受け止めることによってなされるものではないでしょうか。

　保育者には、そうした子どもひとりひとりの気持ちを感じ取り、それぞれの子どもに応じた対話と共感が求められます。子どもが、興味を持って話す言葉にすなおに耳を傾けて受容する保育者との対話は、子どもの心を和ませ、感動体験を深めていくことになります。

　［事例❹］では、春には日本全国ほとんどの地域で見つけることのできるタンポポを題材に取り上げています。"このくらい、いつでもしてるわ……"と軽く考えず、保育者のかかわり方をじっくりと味わって読んでみましょう。

［事例❹］「あっ、わたげがうまれた！」

（4歳児）

　5月上旬、4歳のH子が登園途中でタンポポを摘んできました。保育者はH子といっしょに花瓶に生けて、その横に"タンポポの図鑑"を置いておきました。

　子どもたちは、図鑑を見て、タンポポの花が枯れた後に綿毛ができることを知り、「Hちゃんのタンポポも、わたげになるかな？」と話しています。保育者も子どもといっしょに綿毛になることを期待し、観察することにしました。

　数日後、茎の先が少し白くなっていることに気づいたH子が、「あっ、わたげが、うまれた！」と驚いています。「えっ、どこ？」と、みんなが集まってきて、「あっ、ほんとや！」「ずかんと、いっしょや！」「すごーい！」と、口々に言っています。保育者も、子どもたちと共に自然の不思議さ、すばらしさに感動しました。

　その後、綿毛を飛ばそう！　ということになり、綿毛を手に持ち、飛ばないように注意しながらソーッと歩いて戸外に出ていきました。綿毛にフッと息を吹きかけると、フワフワッと飛び出し、「うわっ！とんだ、とんだ！」と、子どもたちは大喜びです。しばらくの間、じっと綿毛がフワフワと飛んでいるようすを見守っていました。

フワフワと飛ぶ綿毛の優しい不思議さに見とれていましたが、その内に、自由に追いかけながら、自分も綿毛になったつもりで、フワフワッと空中を飛んでいるかのように園庭を自由に動いて表現している子どもたちは自己躍動感に満ちあふれていました。

[振り返り・解説]

◆ 子どもの知りたい気持ち高める環境設定

子どもたちはタンポポが大好きで、見つけると摘んできます。綿毛も大好きで、吹いて飛ばして楽しむ風景もよく見られます。

保育者が保育環境に図鑑を用意し、摘んできたタンポポを花瓶に生けることで、子どもたちは綿毛になる日をイメージしながら観察し、その日を待っていたのでしょう。その喜びは格別だったといえます。「あっ、わたげが、うまれた！」「すごーい！」と、心の底からの感動の言葉に共鳴する保育者もまた子どもと共に綿毛の誕生に大きな期待を持っていたのでしょう。

◆ 自然からの気づきは子どもの心を豊かにする

タンポポを生けて観察し、図鑑から綿毛になることを学び、毎日毎日次はどうなるかと期待感いっぱいの中から得た

感動体験の喜びは大きいものがあります。そこには、保育者の子どもに気づいてほしい、主体的に活動してほしいという願いとして、タンポポの絵本や図鑑がさりげなく置かれているという配慮が重要なポイントとしてあります。

　子どもたちが、気づきから発して表現するのは言葉であれ、身体であれ、みずみずしい感性や豊かな心の動きそのものを全身で表現していきます。保育者はゆったりとした気持ちで子どもと接し、イメージの膨らみを受け止めていきたいものです。

　この事例、どこにでもあるようですが、これだけの援助を心から子どもたちへの共感と共にできているでしょうか。自分の今までの保育を振り返って、今一度、目の前の子どもたちとの保育の中で、実践に活かしてみませんか。

［**第2章の総まとめ**］

本章の冒頭に挙げた倉橋惣三の言葉にあるように、子どもは自然からいろいろ気づいていますが、そのときの子どもの気づきを受け止めていかなければ、子どもの心は次に移っていきます。子どもの心持ちは微かなものに感じられるかもしれませんが、その心持ちを受け止めていくことが、子どもが物事の本質に気づき、主体的に活動させていくことにつなが

ります。第4章、5章、6章は特に自然に大きくかかわった事例を載せています。合わせて自然と気づきと子どもの心を読み取っていただきたいと思います。

第❸章
遊びを創り出す子ども

倉橋惣三のことばより　本章のはじめのことばとして

　「子どもから学べ」ということは、フレーベルが幼児教育者に与えた最大なる格言の一つである。のみならず、フレーベル自身がその実を体証しているのである。けだしフレーベルの彼の教育的創見は、もとより彼の大いなる天才によることであるには相違ないが、一つには彼がよく子どもから学んだ結果であるといえる。幼稚園教育の第一原理たる、「自己活動」の原理論は、フレーベルの頭から織り出されたものでなく、天からくだり、地から湧き上がったものでもなく、また古典から漁り得たものでも勿論ない。ただよく子どもから学んだのである。

倉橋惣三選集　第二巻　幼稚園雑草　P. 270

少しく奇に過ぎた言い方をするようではあるが、子どもは先ず教育者に教えて、それで自分を教育させるのであるといってよい。

倉橋惣三選集　第二巻　幼稚園雑草　P. 271

幼い子どもは大人に見守られ、大人の仲立ちに助けられながら遊びの世界を広げていきます。遊びは子どもの主体的な活動であり、遊びを通して人として成長していき、遊びは子どもの本質そのものに深くかかわり、自由で楽しいものです。子どもが主体的に取り組む遊びは、すべて意味があるといえます。

　子どもは、子どもを取り巻く環境に主体的にかかわることにより、環境の中で気づいたことに意味を見いだし、対象物によって遊び方を変化させ、自分たちで遊びを進めていきます。子どもは自分が気づいたことを友達と共有することによって、相談したり思考を巡らせたり、想像力や創造力を働かせたりなど、協働して遊びを創り出します。

　子どもの遊びは、好奇心と自発的でしぜんな態度によって楽しまれ、未知の世界を知っていく手がかりとなっていきます。子どもたちは遊んでいきながら自分たちの創ろうとするものがイメージできると、友達と相談しながら、自分たちの行動を計画し、よりよい方法を見つけだし、作業の手順を立て、取り組んでいきます。そのためには、子どもが自由な行動が可能な中で、自己課題に挑み、素材を選び、仲間と共に必要な時間を子ども自身で決めることができるよう保育者の援助や配慮が必要になります。

　このことは、子どもたちに身につくことが望まれている

「生きる力」につながっていきます。それには、遊びの充実が何より重要だといえます。遊びを創り出す子どもたちは、自分の考えや能力に応じた目標を持ち、試行錯誤を繰り返しながら、目的に達していきます。子どもたちの主体的な活動によってつかみ取ったその結果は、達成感や充実感や勝利感であり、以後、再び未知なものに挑戦しようとする活動につながり、この「生きる力」が生きる喜びとなっていくのです。

　［**事例❺**］では、環境に主体的にかかわる子どもと、その主体性を損なわない援助で接する保育者の姿が読み取れます。ここでも身近な自然が子どもたちの興味を膨らませる元になっています。

［事例❺］ 草の実遊びから、ダーツ作りへ

(4歳児)

(1) 草の実（ヌスビトハギ・アメリカセンダングサ）を発見

　10月中旬、身近な自然の中で秋にふれて遊ぼうと、散歩に出かけました。子どもたちは、「あー、きもちいい！」と、両手を広げて心地良い秋風を感じたり、「いいにおい！」「リンゴのにおいみたいや」と、キンモクセイの香りに気づいたり、サルスベリやツバキの実を見つけて拾ったりなど、いろいろな秋の自然にふれて大喜びで遊んでいます。

　草むらの中に落ちている小さなドングリを夢中で拾っていたR男のズボンに、ヌスビトハギがいっぱい付いているのに気づいたA男は、「あっ、ヒッツキムシや！」と驚いています。その声を聞いて、周りにいた子どもたちは、R男のズボンに付いているヌスビトハギを取ったり、自分にも付いていないか調べたりして草の実を見つけて大喜びです。衣服にくっつきやすい草の実があることが不思議でおもしろかったようです。

　その後、A男やR男たちは、アメリカセンダングサを見つけて、保育者や友達の服にひっつけて遊び始めました。そのようすを見て、おもしろいと心を動かされたS男は、「ダーツみたいや！」と言って、少し離れたとこ

ろから、保育者の服をねらってアメリカセンダングサを投げます。ヌスビトハギやアメリカセンダングサの実は衣服にくっつきやすいことに興味を持ち、特にアメリカセンダングサは少し大きいことから、的をねらって投げるという楽しみを見つけたのです。ほかの子どもも、次々に、アメリカセンダングサを見つけては、保育者や友達の服にひっつけて遊んでいきました。

（2）ダーツ作りの始まり

　翌日、保育者は、子どもたちがダーツを作って遊ぶことを予測して、昨日摘んできたアメリカセンダングサと、フェルトを用意しておきました。

　「あっ、これで、ダーツができる！」とS男は大喜びです。保育者が「どうするの？」と聞くと、「これ（フェルト）で、まる、つくって」とS男は自分のイメージしているダーツの作り方を保育者に伝えていきます。保育者はS男に形や大きさを聞いて確認しながら、フェルトで丸を切っていきました。ほかの子どもたちも集まってきて、「つぎは、ここのまんなかにも、100てんのまるをつくる！」「ここは50てん」「こっちは、10てんにしよう！」と、それぞれの意見を出し合い、自分たちで点数を決めてダーツ盤ができ上がりました。

ダーツ盤を壁にはり、遊びの場所が決まると、手に手にアメリカセンダングサを持ってダーツに挑戦です。投げることを楽しんでいる子ども、ねらいを定めて真剣に投げる子ども、そのようすに興味を持って周りに集まってくる子ども、「がんばって！」と、応援する子どもなど、それぞれが楽しみ、遊びは広がっていきました。

　K男が、100点に命中すると、「やったあ！」「Kちゃん、すごーい！」「100てんや！」「おおあたりー！」と、みんなが大喜びです。すると、S子が、「おおあたりーって、チリンチリンっておとがするで」とアイディアの提供です。そこで、保育者はS子といっしょに楽器置き場に行くと、鈴を見つけて、「これがいいわ、100てんとったら、このすずならそう！」というルールにみんなも賛成です。友達が100点に命中すると、「おおあたりーっ！」と言って、うれしそうに鈴を鳴らして遊んでいきました。

　「100てんのひとには、プレゼントがあるんやで！」「プレゼントもつくらなあかん！」と、今度はH子からの提案です。保育者は、H子の考えを聞きながら、プレゼント作りに必要な材料を用意していきました。保育者が、厚紙に丸の形を描くと、H子がそれを切り抜いて好きな絵を描いていきます。それにリボンを付けると、すてきなペンダントのプレゼントができ上がりました。

［振り返り・解説］

　自然は、子どもにさまざまなことに気づかせます。この事例では、子どもは秋の自然を全身で感じ取る体験をしながら、「あー、きもちいい！」と秋の風の気持ち良さを感じたり、「いいにおい！」「リンゴのにおいみたいや」と香りに気づいたりしています。また、さまざまな木や草の実を見つけたり、それらで遊んだりしています。衣服にくっつく草の実は特に子どもたちの関心を引いたようです。秋の自然の中で心がいやされながら、さまざまなことに気づき、発見し、多くのことを学んでいることがわかります。

　草の実遊びの翌日、保育者は、ダーツ作りができるよう保育環境の中に素材を整えています。Ｓ男が「ダーツみたいや！」と、遊びを見つけたことが他児にも広がり、"ダーツ遊び"が展開していくことを期待していることがわかります。

　登園してきたＳ男は、その環境に刺激されて、「ダーツができる！」と意欲的です。ダーツ作りが始まりました。保育者は子どもの遊びを観察しながら、「どうするの？」と子どもにやり方を聞き、遊びが発展するようにタイミングよく適切な言葉をかけています。４歳のＳ男が始めた遊びですが、遊びに興味を持った仲間が集まり、４歳児なりによく考え、アイディアを出し合って進めています。仲間と相談し遊ぶうちに、しぜんに役割が決まり、自分たちで遊び方を決めて発

展させていく中で、クラス中の友達が楽しみ、遊びが広がっていることがわかります。

　ヌスビトハギやアメリカセンダングサが衣服に付いたり、それを外そうとして手で触ったりして、草の実がどうして衣服に付くのか子どもは気づいたのではないでしょうか。衣類に付くと離れにくい性質に気づく→的を目がけて投げる→ダーツ作り→点数→大当たり→大当たりの鈴を鳴らす→大当たりのプレゼント作りなどなど、ヌスビトハギやアメリカセンダングサなど草の実の発見から、くっつくという草の実の性質を利用して子どもたちは遊びを考え出し、保育者が子どもの考えを聞きながら保育環境を整えていくことで、さらに、活動は展開していきます。

　子どもたちはさまざまなことに気づいて、「おもしろいなぁ！」「ふしぎだなあ？」と思い、いろいろ考えながら遊んでいきます。気づきは、子どもの発見であり、発見したことは喜びであり、自分たちで遊びを広げていきます。ここに遊びの充実があり、直接自然に触れる遊びを通して、子どもは、無意識的にさまざまなことを学んでいきます。「子どもに教わる」、ここにその好例がありますね。

[第3章の総まとめ]

　本章の冒頭に挙げた倉橋惣三の言葉は、フレーベルの格言を引いていますが、「子どもから学べ」ということです。保育者はえてして、"教えなきゃ"などとジタバタしがちですが、迷ったら子どもに教わればよいのです。保育が楽しくないと感じたり、うまくいかないと悩んだりしたときは、子どもたちに聞いてみましょう。この章の初めに述べたように、子どもが遊びを創り出すのです。保育者は、そのための援助・配慮に回るのです。

　ねらい・内容から環境を構成し、援助をひととおり予想しておいたうえで、子どもたちの主体性に任せてみるのです。「こうさせる！」というための指導計画ではありません。「こうならないかな、こうするんじゃないかな？」という楽しいシミュレーションが指導計画です。

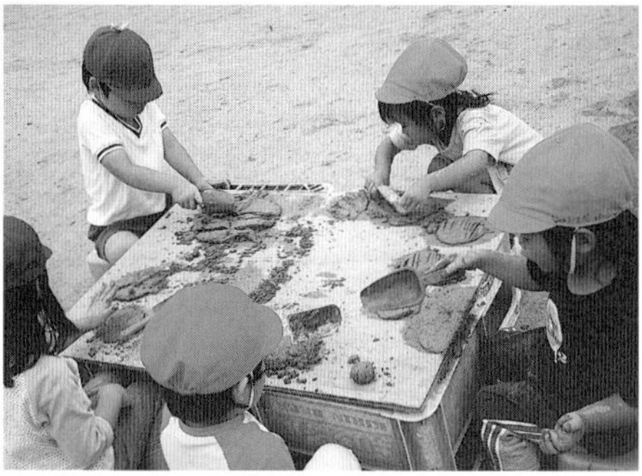

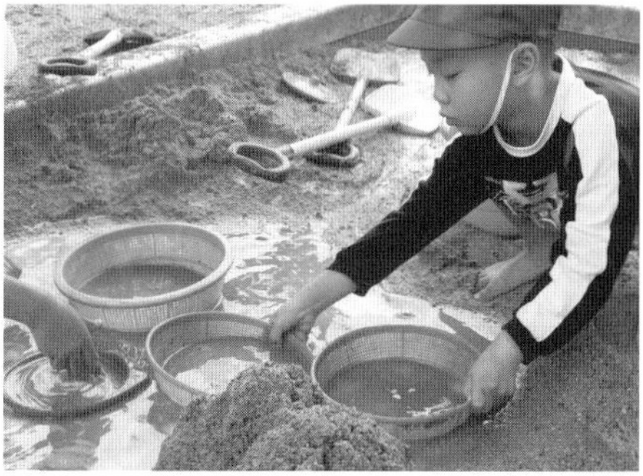

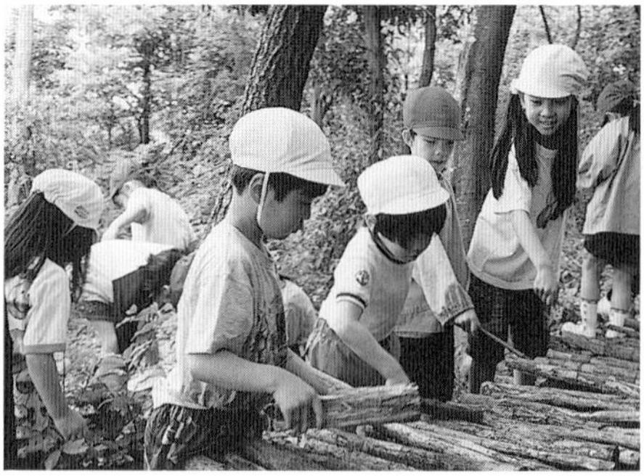

第4章
風を感じて遊ぶ

倉橋惣三の ことばより　本章のはじめのことばとして

　幼児を生活さながらにおいて、しかも教育者の意図を実行せんとするには、機会を捕えなければならぬ。捕うる前に待つの必要もあるが、必ずしも全然待つのでなく、環境によって機会の発生するように仕組みたる場合にあっても、その機会を捕うるにあらざれば空過し去る。これにおいて幼児教育は機会教育であるといえる。

倉橋惣三選集　第三巻　就学前の教育　P. 432

　機会の捕捉は、往々にして考えらるるごとく、ただ生活の場合場合を利用するということだけではできない。その時の幼児の心もちに共鳴するのでなければならぬ。

倉橋惣三選集　第三巻　就学前の教育　P. 433

だれが風を見たでしょう
わたしもあなたも見ません
けれど　木の葉がはげしくふるえているとき
風は通りぬけているのです

だれが風を見たでしょう
わたしもあなたも見ません
けれど　木々のこずえが大きくたわんでいるとき
風は通りすぎているのです

だれが風を見たでしょう
クリスティーナ・ロゼッティ（訳 片山忠次）

The Illustrated Treasury of Poetry for Children.;by D.Ross/M.V.Doren.Collins Publishers.

　身近な自然環境のひとつである《風》は、クリスティーナ・ロゼッティの『だれが風を見たでしょう』にうたわれているように、目に見えず、においもなく、その重さも意識できず、実感しにくいものです。が、子どもたちは、風の暖かさや冷たさ、強さ、方向などを肌で感じたり、木の葉が風に揺れて動くのを目で見たり、においをかいだり、風の音を耳で聞いたりなど、日常生活の中で諸感覚を通じてさまざまに風を感じています。子どもが興味を持って活動し、

さまざまなことを学ぶには、子どもが気づいている、《風》を保育の中に組み入れていく意義は大きいといえます。

　子どもが、園生活の中で目に見えない風を保育に活かし、体全体で感じるさまざまな感動体験は、子どもの持っている全能力を発揮させるといえるでしょう。

◆ **身近に風を感じている子ども**

　間接体験で多くの知識を得るようになったといわれる子どもたちですが、子どもの姿をよく見ると、"今、風を感じているな"と思う「気づき」場面に出会います。前髪の微かな動きを額に感じて、さらに風を感じようと頭を揺らしたり、風に向かって両手を広げて走ったり、戸外に吹く冷たい風に思わず体を縮めたりなど、風を感じると体がしぜんに反応しています。これらの活動は子どもたちが無意識的にやっているといえますが、こいのぼりを見る、紙飛行機を飛ばす、たこ揚げをするなどの場合は、風の状態によって動きに変化が現れることに気づいて楽しんでいるといえます。

　目に見えない風を体全体で感じているさまざまな体験を活かす保育は、風を利用した遊びや、風に揺らしたり飛ばしたりする遊びとなり、子どもの持っている、考える力、工夫する力などの能力を発達させるといえると思います。ふだん、あまり気にも留めない風を保育に活かすことは、何げなく感じている《風》を意識させ、好奇心を働かせ、風という存在

を直接体験として活用し、子どもたち自身で遊びを発展させ、自分で考える力を発揮させ、生き生きと活動を展開していくのではないでしょうか。

◆ **風への気づきを保育に取り入れる**

　子どもが、風に気づいて遊んでいることを活かす保育は、保育者が、子どもの行動や言葉から気づきを読み取り、さらに次の気づきへと発展的に活動できるよう環境を工夫し、整えることが大切です。耳や目で風を感じる→風集めをする→風に乗ってなびく→風の力を知る→などといった気づきから、風の性質を活かした遊びを子どもみずから考え出し、工夫し、風と遊ぶおもしろさや友達と不思議体験をする楽しさなど、子ども自身が生き生きと主体的に遊ぶ保育が展開できるといえるでしょう。

　［事例❻］を味わってみましょう。

　身近な自然事象からの気づきを、さりげない環境の構成（再構成）と、子どもたちとの共感によって、子どもたちは主体的に環境にかかわっていき、自分たちで遊びを広げることができています。

［事例❻］「およいだおよいだこいのぼりみたいや」

（風に気づいて遊ぶ）　　（3・4・5歳児）

　4月下旬、子どもが自由に作ったり描いたりできるコーナーの中に、紙テープやリボンや割りばしなどの材料や用具を置いておきました。3歳のA子が、割りばしの先に紙テープを付けてクルクル回しながら、「ほらみて、まーるいよ」「すてきでしょ」「リボンみたいよ」と、言って楽しそうです。保育者は、A子がみずから遊びを見つけたことがうれしくて、「ほんと、すてきね」と共感し、楽しい遊びが広がってほしいと思い、ほかの子どもたちにも知らせました。

　翌日、遊びが広がることを予測して、色とりどりの紙テープやタフロープ（ポリエチレン製のひも）を用意しました。3歳のK子、4歳のE子、S子たちがリボンを作ろうとしますが、タフロープは幅が広くて裂けやすく、思うようにハサミで切れなくて困っています。そこで、保育者はK子、E子やS子たちができないところを手助けしたり、5歳のR子に手伝いを依頼したりしました。R子は、「Kちゃん、なにいろがいい？」「これくらいのながさでいい？」と、色や長さを聞きながら、手伝っています。そのようすを見て、5歳のT子とN子もやっ

て来て、R子といっしょになって手助けしていました。保育者は、「ありがとう、お願いね」と認め、5歳児に任せて見守っていきました。

　リボンができ上がると、早速、園庭を走り回って、「うわぁ、およいだ、およいだ、こいのぼりみたいや」「おもしろい」と、大喜びです。保育者は、子どもたちが風に気づいたことがうれしく、リボンを持っていっしょに遊び、「うわぁ、ほんと！」と子どもたちと喜びを共有していきました。

　遊んでいくうちに、走るとリボンが動くのではなく、風になびくことでリボンが動くことに気づいて、立ち止まってリボンの動き確かめて、友達と見せ合っています。「かぜがあるからリボンがうごくんや」と、5歳児は、築山やすべり台などの高いところに上がり、「ほーら、みて」「ここのほうがよくおよぐよ」と、より風のあるところを見つけて遊んでいました。

［振り返り・解説］

　異年齢児保育の中で、子どもたちが今、「風に気づいて」いることを活かして、みずから遊びを展開してほしいと願った実践事例です。

◆ 環境構成と子どもの活動

　保育者は、子どもたちの自由な発想で遊びが展開することを期待し、コーナーの環境のひとつに紙テープやリボンや割りばしを用意しています。紙テープは３歳児に扱いやすかったのでしょう。３歳のＡ子は、割りばしの先に紙テープを付けて動かし「リボンみたいよ」と、みずから見つけた遊びを楽しんでいます。

　翌日、保育者は、３歳のＡ子が見つけたリボン遊びの広がりを予測し、保育室の環境の中に、いろいろな色の紙テープやタフロープ（ポリエチレン製のひも）などを用意したのです。子どもたちの間にリボン作りが広がっていきました。紙テープやタフロープを何本も付けたり、色の組み合わせを考えたり、長くつないだりなど、工夫しています。風に気づいている子どもの言葉や遊ぶ姿から環境を再構成したことにより、子どもが主体的に活動し出したのです。

◆ ３歳児の遊びが４・５歳児に広がって

　保育者が、リボン作りがうまくできない３・４歳児の手伝いを５歳児に依頼すると、５歳児は３歳児の好きな色を聞いたり、３・４歳児ができないところを手伝ったりしています。異年齢の人間関係が、同年齢の集団にありがちな競い合うような関係よりも、協力的なふるまいが認められ、促されていることがわかります。

5歳児は、「Kちゃん、なにいろがいい？」「これくらいのながさでいい？」と年少児から色や長さの思いをていねいに聞きながら活動を進めています。5歳児の3・4歳児へのかかわりは、共に生きるという、身近な相手を尊重して相手の思いを大切にする姿勢が身についていることがわかるといえます。

　3歳児が始めたリボン作りの遊びは4・5歳児にも広がり、クラス全体で楽しんでいます。子どもたちはリボンを持って走り回ったり、リボンの動きを見ながら動かし方を考えたりして遊んでいるうちに、リボンがこいのぼりのように泳ぐおもしろさや、風があるときはじっとしていてもしぜんにリボンが動くことに気づき、園庭のいろいろな場所に行っては立ち止まり、リボンの動きを試しながら遊んでいます。走らなくてもリボンが動くと、「うわぁ、およいだ、およいだ、こいのぼりみたいや」「おもしろい」「ほーら、みて」「ここのほうがよくおよぐよ」「かぜがあるからリボンがうごくんや」と風の存在に気づいて、子ども同士でおしゃべりしています。

◆ 保育者も子どもといっしょになって

　子どもたちが風の存在に気づいたことがうれしく、保育者がリボンを持っていっしょに遊んでいくようすには、子どもの次の気づきは何だろうという期待感でいっぱいです。子ど

もの思いを推測しながら、環境を整えたり５歳児に手伝いを依頼したりする保育者の適宜なかかわりによって、３歳児の遊びが４・５歳児の遊びへと発展し、風への気づきは大きく広がっていきます。異年齢の子どもたちのつながりは、３歳児から４・５歳児へという人間関係循環のよさとなり、風に対する気づきは、遊びの輪が広がり、遊びをよりおもしろく、より楽しくさせていることがわかります。

［事例❼］では、子どもたちの行動をよく見ているからこその楽しさです。子どもたちの姿から……とよくいわれますが、上から目線になっていることが多いですね。そのあたりを味わってみましょう！

［事例❼］「やったぁ、かぜつかまえた！」

（風の強さを実感して遊ぶ）

（４・５歳児）

風の強い朝、園庭のあちらこちらに花びらがたくさん散っていました。５歳のＭ子と３歳のＫ子が、ポリ袋を持って園庭に飛び出し、「おはなで、ジュースをつくろう」と張り切って花びらを集めています。そのようすを見て興味を持った４歳のＡ男たち５〜６人がポリ袋を持ってやって来ました。

突然、強い風が吹いて、K子のポリ袋が飛ばされ、「まてー、まてー」と追いかけています。4歳のS男は、持っていた袋が大きく膨らみ、「うわぁ！ふくらんだ」「すごい！　ふうせんみたいや」と大喜びです。そのようすを見ていた4歳のA男が、「そうや、これにひもつけて、たこつくろう」と言っています。

　保育者がA男の思いを聞きながらたこ作りに必要なたこ糸、ハサミ、接着テープなどを用意しました。A男は、ポリ袋の口にたこ糸を付けて、走り回ったりたこ糸を引っ張ったり緩めたりしながら、「ほうら、ふくらんだよ」「かぜ、つかまえた！」などと言って、たこの要領で遊んでいきます。

　翌日、もっと全身で遊んでほしいと思い、子どもたちの体が入るくらいの大きさのポリ袋を用意しました。子どもたちは、ポリ袋を持って走り袋が大きく膨らむと、「やったぁ、かぜつかまえた！」と、袋の口を両手でギュッ！　と握りしめました。保育者は、「えっ、すごーい！　いっぱいつかまえたね」と子どもたちの発想に驚くとともに、子どもの気づきに感心してしまいました。強い風が吹いて袋が大きく膨らみ、風がいっぱい入ると「うわぁ、おもたい！」と言ったり、友達と見せ合ったり、袋の大きさを比べ合ったりして楽しんでいました。

[振り返り・解説]

◆ 環境の瞬時の変化を生かした環境構成

　保育者は、園庭に散っている花びらや突然強い風が吹くという予期しない環境の瞬時の変化を活かすとともに、ポリ袋が飛ぶといった対象物の変化から、保育を展開していきます。子どもの遊びを大切にするということは、こうした突然に起きた出来事を活かすことだといえます。保育者は、突然に起こることを予知していながら、子どもより前に出ないで、子どもの気づきや思いを大切にするという、待つ姿勢が望まれます。

　子どもたちは、風が吹いてポリ袋が飛ぶという現象を活かし、タイムリーに追いかけることを楽しみ、「ひもをつけて、たこつくろう」と、次の遊びを考え出し、主体的に進めています。

　保育者は子どもが風に気づいて遊びを創り出すことを予測して、テラスに、ひも、ハサミ、セロハンテープなどを用意しています。子どもたちはポリ袋の口にたこ糸を付けて走り、糸を引きながらたこの要領で遊びだします。保育者は、子どもの動きや言葉に注意しながら風に対する気づきを待ち、「よーし、風に興味を持ってきたな」と思うやいなや、すぐさま率先して遊び、強い風を体全体で感じている子どもの姿に共感しています。

保育者は、「ほうら、ふくらんだよ」「かぜつかまえた！」と言った子どもの言葉にヒントを得て、次への保育の展開を考え、保育環境の中に大きなポリ袋を用意します。

　風に興味津々の子どもたちは、ポリ袋を持って走り、ポリ袋が膨らむと、「うわぁ、おもたい！」という言葉からは、風の強さを実感していることがわかります。

◆ 子どもの発想のおもしろさを活かして

　子どもは強い風を体全体で感じながら、飛ばされているポリ袋を追いかけたり、袋が大きく膨らんだことから「ふうせんみたい」と、風集めをして喜んだりするなど、子ども自身で遊びを考え、展開させています。また、ポリ袋が大きく膨らむのは中に風が入ったことだと理解し、「かぜ、つかまえた」と言って遊んでいます。「かぜ、つかまえた」という言葉は、風という形のないものを形としてつかむことを知っていたかのような認知力を感じさせます。

　ポリ袋のたこでは、たこ糸を引いたり緩めたりしながら、手に当たる感触で風の強さを感じて遊ぶという技を活かしています。大きなポリ袋を持って走り、袋が大きく膨らむと、その大きさを比べ合ったり、強い風が袋にいっぱい入ると「おもたい」と言ったりするなど、子どもが体を通してつかんだ感覚や言葉は、自分で課題を見つけ、みずから学び考え主体的に判断するといった生きる力につながっていくといえます。

◆ **子ども主体の保育と教材研究**

　子どもたちは気づいたり、そのときに興味を持ったりしたことから活動を展開させます。突然に強い風が吹くという、その瞬時でないと体験できない出来事に生き生きと楽しんでいる姿からは、子どもの思いを、子どもを主体にした保育を展開する大切さを思います。

　保育者が、子どもの姿や言葉に耳を傾け、保育の手だてを考えているときに、急に強い風が吹くという瞬時の出来事をも活用し、とまどうことなく保育が展開していくというところに、日ごろから十分な教材研究がなされていることがうかがえます。

　［事例❽］は、最初に環境を構成した例です。保育者の意図を初めに活かした好例です。

［事例❽］「かぜのちからや！」「そうや、かぜがふいたからや」

（風の力に気づく）

（3・4歳児）

　5月の心地良い風を感じてほしいと思い、風通しのよい窓辺に、モビールやウインドチャイムを飾りました。保育者が微かなチャイムの音に気づき、「おや？　何か聞こえたよ」と声をかけると、「えっ？」と、急に静か

になり、小さな声で「あっ、きこえた」「シーッ」「いいおとやな」と言いながら、チャイムの音を聞いていました。その後、遊んでいるときや食事のときなどにも、音が聞こえてくると、友達同士でそっと教え合い、いっしょに耳を傾ける姿が見られます。<u>保育者は、子どもたちが音に気づいて伝え合う姿をうれしく思い、見守っていきました。</u>

　数日後の風の強い日、アヒルのモビールがユラユラと動いています。4歳のY男が「あっ、アヒルさん、うごいとう」と言うと、3歳のK子は「あっ、ほんとやね、アヒルさん、あばれてるね」と話す、K子なりの言葉を受け止め、感心しました。

　「なんでうごいとんやろ？」と、Y男が言うと、周りの子どもたちも、モビールの動きを見ながら考えます。<u>保育者は、Y男が不思議に思う気持ちに共感し、「どうして、動いているのかな？」と、いっしょに考えていきます。</u>Y男が「そうや、かぜがふいたからや」と言うと、「そうや、そうや、かぜや」「かぜのちからや！」と周りの子どもたち。<u>保育者は、子どもたちがモビールの動きから風の力に気づいたことをうれしく思いました。</u>

［振り返り・解説］

◆ **子どもに気づいてほしいことをさりげなく環境に**

　保育者は、《風》の力に気づいてほしいと思い、保育室にモビールやウインドチャイムを飾っています。

　保育者が、微かに鳴るチャイムの音に「おや？　何か聞こえたよ」と小さい声で話しかけ、気づきのきっかけをつくっていきます。子どもたちは、風が吹いてチャイムの音が聞こえてくると、小声で「あっ、きこえた、シーッ！」と言い合って、耳を傾けています。微かな音をも聞き取っていることがわかります。

◆ **子どもに寄り添い気持ちを受け入れる**

　子どもがモビールの動きを言葉で表そうとします。保育者はその気配に気づき、「なんでうごいとんやろ？」と不思議に思う表現しにくい気持ちを受け止め、共に考え、子どもの気づきを待っています。周りの子どもたちもいっしょになってモビールの動きを見ながら、「あっ、そうやかぜがふいたからや」「そうや、そうや、かぜのちからや」と、気づいていきます。

　子どもたちは、自分の耳や目で風を感じ取り、「風の力」でモビールが動いたり、チャイムが鳴ったりすることに気づいたのです。

次の［事例❾］は、夏の例です。

保育者が「ねらい」をたてて、環境をつくり、それにかかわってくれないかな……と思っても、そのとおりうまくいくとは限りません。そんなときは、子どもたちがみずからかかわってみたくなるような魅力あるものにできていなかった……という反省が必要です。しかし、けっしてむだなことではありません。子どもたちの興味の動きに寄り添って環境を再構成すればよいのです。

［事例❾］「あれ？　ならないよ」

（動きや音から風に気づく）

（5歳児）

暑い夏に目や耳でも涼しいさが感じられるようにと思い、窓辺に風鈴をつるしました。「チリン、チリン…」と、音が聞こえてくると、子どもたちは「あっ、きこえた！」「いいおとやなー」言って、じっと風鈴を見ながら、耳を傾けています。保育者は、子どもが風鈴の音に気づいたことがうれしくて、「ほんとに、いい音やね」と共感しました。

翌日、見た目にも涼しそうな風鈴が作れないかと思い、透明のペットボトル片やプリンカップ、油性ペン、アクリルペンなどを作るコーナーに用意しておくと、早

速、５歳のＭ子とＹ子が興味を持って作り始めました。ふたりは「なにをかこうかな？」「さかなをかいたらどう？」「うん、なみもかいたら？」と、楽しそうに話ながら、魚や波、貝、クラゲ、ワカメなどを描いています。保育者は、すてきな風鈴ができそうだなと、期待しながらふたりのようすを見守り、でき上がった風鈴にテグスを付けて、窓辺につるしました。

　Ｍ子とＹ子が作った風鈴を見て、他児も次々に作り、子どもたちが作った風鈴が窓辺にたくさん並ぶと、「うわぁ、きれい！」「くるくるまわっているよ」「おもしろそうだね」「さかなさん、およいでるみたい」「ほんとや、さかなさん、よろこんでるみたいやね」と話し、うれしそうな子どもたちです。

　そのとき、「ならないよ」とＭ子。しばらく耳を傾けていたＹ子が、「そうや、すずをつけたら？」と、言っています。保育者は、Ｍ子の言葉で、子どもたちが、風鈴の音色を楽しんでいたことに気づき、音の工夫をしなければいけないかな？　と考え、翌日、小さな鈴を準備しました。

　風鈴の動きをじっと見ていた４歳のＡ子が、「あっ、きこえた、きこえた！」と、うれしそうに言うと、はかの子どもたちも「えっ？」と耳を傾け、「あっ、ほんとや」

「かわいいおとや！」「すずつけなくても、きこえるよ」「うん、かぜがふいてきたんや！」と話しています。保育者は、「ほんと、みんなが作った風鈴の音、とってもかわいいね」と共感し、準備した鈴は付けずに、プラスチックがこすれ合って出る微かな音を、子どもたちといっしょに楽しみました。

[振り返り・解説]

◆ 子どもが興味を示したことを確かめて環境構成

　保育者が風鈴の音からも風を感じてほしいと思い、窓辺に風鈴をつるすと、子どもたちは「チリンチリン…」と鳴る音に気づき、じっと耳を傾けています。

　保育者は、子どもが興味を持ったことから、風鈴作りができるように材料や用具を用意します。風鈴の醸し出す涼しさを目や耳で感じ取っている子どもたちは、早速、魚や波など海をイメージして友達と話し合いながら、それぞれが好きな絵を描いて作っていきます。

◆ 微かな動きや音から風に気づく

　自分たちが作ったペットボトル風鈴が、窓辺にたくさん並び、風に揺れて動くさまを見て「うわぁ、きれい！」「クルクルまわっている」「おもしろいな」「さかなさん、およいで

いるみたいや」「ほんまや、さかなさん、よろこんでいるみたい」と、その美しさに大喜びしたり、どうすれば鳴るか考えたり、こすれ合うときの音に気づいたりなど、微かな「動きや音」からも風に気づいています。

　保育者は、子どもたちの興味や関心の方向性を見失うことがないように読み取りながら環境を整えたり、用意した環境を引っ込めたりしながら「かぜがふいてきたんやな」という子どもの気づきをじっくりと待っています。「ほんと、みんなが作った風鈴の音、とってもかわいいね」と共感し、共に楽しんでいるところがすてきです。

　こうして事例を味わっていると、保育者の子どもへのあふれる思いが必ずあることに気づきますね。

　［事例❿］でも、その辺りに注意して読んでみてください。冬の例です。

［事例❿］「やったぁ！　あがったあがった」

（風の力を感じて遊ぶ）
（4・5歳児）

<u>たこやこまなどを作ったり、使って遊んだりできるように、作り方の参考になる本やいろいろな材料や用具を置いておく</u>と、4歳のK男が、画用紙に割りばしの骨と

毛糸の糸を付けてたこを作り、戸外で揚げていますが揚がりません。そのようすを見ていた5歳のT男が、「おもたいから、ポリぶくろでつくったほうがいいよ」と言い、作り方が載っている本を見せて、「Kちゃん、このたこよくあがるんやで」と話しています。

T男は本を見ながら"グニャグニャだこ"を作り始めました。ポリ袋をハサミで切ったり、竹ひごを接着テープで固定したりするときのコツをK男に教えながらいっしょに作っています。保育者は、よく揚がるたこ作りへと発展してほしいなぁ、と思いながら、ふたりのようすを見守り、難しい所を手助けしていきました。たこができ上がると、ふたりは園庭に飛び出し、たこ揚げを始めました。ポリ袋のたこは軽くてよく揚がり、「やったぁ！あがった、あがった！」と大喜びです。保育者も「うわぁ、すごーい、揚がった、揚がった！」と喜びを共有していきました。

でも、風向きに関係なく走るので、たこは、高く揚がったり落ちたりしています。保育者は、"風向き"に気づいてほしいと思いながら、「どうしてかな？」と投げかけて、いっしょに考えます。「そうや、しっぽをつけよう」とT男が言い、素材や色、長さ、数などを工夫して"しっぽ"を付けました。保育者は、「なるほど」

と認め、しっぽを付けることによって、たこのバランスがよくなるだろうと思い見守っていきました。その後、たこ作りは広がり、興味を持った子どもたちを中心にして楽しく遊んでいきました。

　ある日、４歳のＫ男、Ｒ男、Ｍ男たちが、たこ揚げをしようと園庭に出ると、強い風を受けてたこが急にフワァッ！と舞い上がり、「うわぁ、すごーい！」「みて、みて！」「はしらんでもあがったよ」「なんで？」「ふしぎやな」と、驚いています。保育者は、子どもたちが"風の力"に気づくことを期待して耳を傾けていました。５歳のＴ男とＮ子が「かぜにとばされたんや！」「しっかりもっときよ！」と言い、みんなで、風を受けて動くたこのようすを見守っていました。

　毎日、自分の作ったたこで遊ぶ中で、ただ走り回るだけでなく、風向きに気づいて、「こっちにきてみ、よくあがるよ」「かぜにむかってはしったら、よくあがるんやで」などと言っています。「あっ、かぜがきた！　いまや！」と言って、風の力を利用して糸を引いたり緩めたりするなど、考えたり、試したりしながら遊ぶ姿が見られるようになりました。

［振り返り・解説］

　保育者は、たこ作りが始まることを予測して環境構成をし、また子どもの活動を見ながら必要に応じて環境の再構成をしています。

◆ **5歳児が自分の体験から4歳児に作り方のコツを伝える**

　5歳児は、4歳児が作ったたこが揚がらないのは重いからだと気づき、以前に作ってたこ揚げをした体験から、ポリ袋の"グニャグニャだこ"を作ることを勧めています。4歳児は、5歳児に作り方のコツを教えてもらい、また、難しい箇所は保育者の手助けも得てたこ作りをしています。でき上がったたこは、高く揚がったり落ちたりします。子どもたちは、どうすればよく揚がるか、考え、しっぽを付けたり、しっぽの長さや数を考えたりして、工夫し、試しながら遊んでいったのです。

◆ **子ども同士の伝え合いとつながり**

　5歳児と4歳児は、たこがどうすればよく揚がるかという伝え合いの中で、糸を引いたり緩めたりする、風の強さを感じながら走るなど、手足を使い、全身の感覚を総動員して揚げ方を工夫し、"風を受ける""風の強さ""風の向き"に気づきながら、「風の力」を利用して、たこ揚げを楽しんでいます。たこ揚げ経験のある5歳児と未経験の4歳児が、「あっ、かぜがきたよ！　いまや！」と風の力を活かして遊

ぶ姿に子ども自身に育つ力が備わっていることを思います。

[第 4 章 の 総 ま と め]

　本章の冒頭に挙げた倉橋惣三の言葉にあるように、自然（事象）が保育の題材としてどんなにおもしろくすばらしいものかが、事例によって味わえたでしょうか。

　「風」は、どこにでも吹いていますよ。

　それがあるだけで、たくさん楽しめて、自然の不思議を味わっている子どもは、本当にすごいですね。そんな子どもといっしょにいることは、楽しいことです。

　だから保育は楽しいのです。

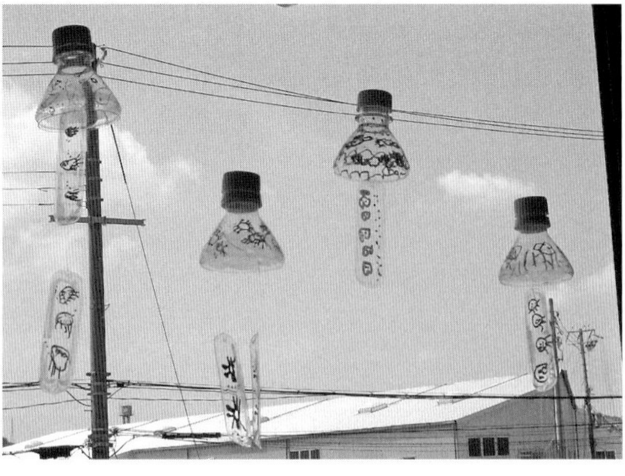

第 5 章

水と遊ぶ子ども

倉橋惣三の ことばより　本章のはじめのことばとして

特に充実指導と申すのは、子供が自分の力で、充実したくても、自分だけでそれが出来ないでいるところを、助け指導してやるという趣旨であります。

倉橋惣三選集　第一巻　幼稚園真諦　P.37

・・・・・
充実を助けるために、先生は少し出て来ますけれども、自分も子供になって、――子供の内にはいって――、子供のしている自己充実を内から指導していく

倉橋惣三選集　第一巻　幼稚園真諦　P.40

8 常的な生活環境の中で、《水》は、身近に存在し、存分に体験できる自然のひとつです。水はいろいろな形で子どもたちの身近に現れます。子どもたちは水たまりでは水しぶきを立ててはしゃぎ、蛇口からこぼれる水に手を差し出して感触を楽しみ、心を和ませます。暑いときは水に触れて「きもちいいー！」、寒いときは「あっ、つめたい！」「ブルッとする」など感じたままを言葉にしていきます。

　子どもは、雨が降ると雨粒が花壇の葉っぱの上を跳ねたり、園庭に水たまりができて川のようになり地面が変化したりしていくようすや、雨滴が軒に連なって揺れる不思議さにじっと見入っています。園外に出かけて川のそばを通ると、立ち止まり、「キラキラしている」「さかながいる」と飽きずに見たり、葉っぱを流したり、小石を落としたりなど興味は尽きないようです。

◆ 子どもの興味や関心を引きつける水

　プールでの活動は、子どもにとってこのうえもなく楽しいもので、水に触れて遊ぶ開放感の中で友達関係は広がっていきます。

　さまざまな状態で子どもたちの身近に存在する水は可塑性に富み、砂場に水を入れるとしみ込む、高いところから低いところへ流れる、プールに入ると体が浮く、凍る、溶けるなどと、その状態は自在に変化するといえます。こうして子ど

もの興味や関心を引きつけて離さない水は、生命に必要な基本的な物質のひとつであり、水はのどが渇くと飲み、飲むことで気持ちが満たされ、また、子どもが直接触れる遊びの素材としてもっとも貴重なもののひとつだといえます。

　水で遊ぶ中で得た子どもたちの気づきや発見は、多様な遊びを創造し、自分たちで考え、工夫し、おしゃべりを楽しみ、友達と協働して遊びを展開させていきます。子どもが気づいた出来事を活かす保育の創造は、子ども自身が主体的に物事にかかわり、水の性質を知り、気づきの質を高め、知的好奇心や探究心を深めていくことにつながっていくといえます。

　本章の4つの[**事例**]を味わう中で、「水」という自然からの気づきを活かした保育のすばらしさを、そして、保育者の楽しいかかわりを感じ取って、自分の保育に取り入れていきましょう。

[事例⓫]「そうや！ これは"うずまき"や」

（渦巻きを発見する）

（5歳児）

　7月上旬、プールでの遊びが終わり、<u>保育者がプールの水栓を抜くと、</u>「ゴーゴー」と水の流れる音が聞こえます。プールの近くにいた5歳のH男が気づいて、「えっ、なんのおと？」。H男の言葉を聞いたほかの子どもたちもいっしょに耳を澄ませています。<u>保育者も「何の音かな？」と共に耳を傾けながら、子どもの気づきを待ちました。</u>

　「あっ、プールのなかからきこえる」と言って、音のするほうに行き、「あっ、みずや、みずのおとや！」と、驚きの声を上げ、水が排水口に流れるようすを見ています。「みて、みずが、あつまりよう」「（排水口に）すいこまれるんや」「グルグルまわりよう！」「ほんまや」「あっ、あらしや！」「たつまきや！」と、言いながら、腕をグルグル回しています。そして、「そうや！　これは"うずまき"や」と友達同士で興奮ぎみに話しています。<u>保育者は、「うわぁ、ほんとや！」と、子どもたちが"うずまき"に気づいたことを喜び、いっしょに見ていました。</u>

［振り返り・解説］

◆「気づき」に対する保育者の問いかけ

　プールの近くにいたH男が、音に気づき「なんのおとだろう」と発した言葉から、周りの子どもたちも耳を傾け、「はてな？」「ふしぎだな？」と考えています。そのようすを察した保育者は、音のもとに気づいてほしいという願いを込めて「何の音かな？」と、言葉をかけています。保育者の水への興味や関心を深めたい、「なぜ？」「どうしてかな？」と考えて遊んでほしい、自分自身で気づきを高めて遊ぶおもしろさを味わってほしいと願う気持ちが問いの言葉に表れています。

◆ 大発見した音のもと、渦巻き

　大きな音を立てながら勢いよく排水口に流れ込む水は、子どもにとって大発見だったのでしょう。「みて、みずがあつまりよう」「グルグルまわりよう！」「あっ、あらしや！」「たつまきや！」「そうや、"うずまきや"」など、"渦巻き"発見の感動を、無意識のうちに腕を回す行為として表現している子どもの姿には、「何の音かな？」という疑問が、排水口を眼前に見ることで瞬時に理解し、解決できたと思えたことが、喜びの原点であると読み取れます。排水口に音を立てて流れる水の勢いは、"あらし""たつまき"を連想させ、それは、「みずがあつまり、ぐるぐるまわってながれていく」「う

ずまき」だと、直感的に気づいているのです。ここで見落としてならないことは、音を立てて勢いよく流れる水との出会いから、子どもはいろいろなことを瞬時に学んだということでしょう。

◆ 好奇心いっぱいの子どもの姿から、保育の手だてを考える保育者

この後、渦巻きに興味を持った子どもは、水の流れのあるところには渦巻きができることに気づき、シャワー場や足洗い場、手洗い場などで"渦巻き探し"を始めます。排水口にできる小さな渦巻きに大喜びして、「"うずまき"はっけん」と、保育者に知らせに来た好奇心いっぱいの子どもの真剣な姿から、保育者は、"渦巻き"を保育に活かす方法はないかと、次の保育の手だてを考えていきます。

保育者は、子どもの気づきを見逃さず、子どもたちの言葉をしっかりと受け止める応答関係があると、気づきを質的にも高め、子どもは次々と新たな気づきをしていくのです。

次のは、この事例に続くものです。

［事例⓬］「そうか！　みずがまわっているんや」

（渦巻きを作って遊ぶ　［事例⓫］に続いて）

プールの中で、友達と手をつないで大きな輪を作り、

「こんこんちきち、こんちきち…」とわらべうたをうたいながら、気持ちを合わせてゆっくりと歩きます。<u>保育者も、子どもたちといっしょに動きながら、少しずつ速く歩き、水に"流れ"を作っていきます。</u>"流れ"ができると、足に水の勢いを感じて、「うわぁ、おされるー」「ながされそうや」と大喜びの子どもたちです。そこで、<u>保育者は水の"流れ"に乗って遊べるように、「1、2の3！」と合図を送って、子どもたちといっしょにしゃがみました。</u>子どもたちは、「きゃーっ！」「すごい！はやい！」「たすけてー、ながされるー！」などと言いながら、思い思いに水の流れに乗って楽しそうです。
　Ｓ男が、「あっちにおったのに、こっちまでながされた」と驚いていると、「みずがこっちまでつれてきてくれたんや」とＡ子。「そうか、みずがまわってるんや」「うん、プールのみずぬくときといっしょやなぁ」「そうや、うずまきや！」「うずまきにういとったんや」と歓声を上げています。そして、「もういっかいしよう！」と、何度も繰り返して、友達と手をつないで浮いたり、潜って流れに乗ったりして全身で楽しく遊んでいきました。

［振り返り・解説］

◆ 足に水の流れと勢いを実感する

　子どもたちは、友達と手をつないでわらべうたをうたいながらプールの水の中をグルグル回って歩くことで得た喜びは開放感にあふれ、遊びのおもしろさを体中で実感しています。「わぁ、おされるー」「ながされそうや」と、自分自身の力ではなく、水の力に体が動かされている驚きや喜びや躍動感を、全身で認識していることが言葉に表れています。遊びながら、水に"流れ"と"勢い"が生じることを全身で特に足で強く感じたことを、感じたままに表現していますが、水の持つ力を、「なるほど」「わかった」と実感し、納得している言葉だといえます。

◆ 水の流れと勢いから、浮く遊びを楽しむ

　保育者は、さらに、水の"流れ"と"勢い"を実感させたいと、水の"流れの勢い"に乗れるように水中にしゃがんで遊んでいきます。しゃがむことで、子どもたちは、水の"流れ"と"勢い"に全身を任せて"浮く"遊びを夢中で楽しんでいるのです。水の勢いで自分の体が移動していく心地良さと同時に、「あっちにおったのにこっちまでながされた」と、どのように水に流されているかについて客観的にとらえ、排水口で見つけた"渦巻き"と同じ動きであることを発見しています。子どもたちは、プールでの遊びの中で繰り返し渦巻

きを作ったり、浮いたり、潜ったりなど、存分に楽しみ、心地良さや不思議な感覚を実感していきます。

◆ **子どもたちの自己充実と保育者のかかわり**

保育者も水の流れの速さを感じて楽しみながら、子どもの気づきに共感し、流れに乗る合図を送り、「気づき」がより確かなものになるようにかかわっています。

子どもたちは全身で水に触れ、水の流れを感じて歩き、流れに乗り、浮き、潜り、潜って流されるなど多様な体験を通して、発見し、思考し、学んだことを言葉で、絵で表現していきました。子どもたちが自己充実して遊ぶ中に保育者が加わり、さらに自己充実の質を高めるとともに、子どもの主体的な活動が継続していきました。

次の［事例⓭］は、プールでの違った気づきをとらえた例です。

［事例⓭］「あっ、そうか、みずは、ちからもちなんや！」

（浮力に気づく）

（5歳児）

8月中旬、存分に潜ったり泳いだりして遊びが楽しめるように、プールの水量を増やしておくと、5歳のⅠ男が、だるま浮きを始めました。R子が、T男の背中を

ゆっくりと押さえて水の中に沈めますが、すぐに浮いてきて「うわぁ、フワフワや、Ｔちゃん、ボールみたい！」と驚き、ふたりは交代でだるま浮きをして、繰り返し遊んでいます。保育者は、おもしろい遊びが始まったなと思い、どのような展開になるのか期待してようすを見守っていきました。

　楽しそうなＴ男とＲ子のようすを見て興味を持った子どもが、友達と誘い合って遊び始め、「ほんとや、ボールみたい！」「おさえても、すぐにあがってくる！」と驚いています。「私もやりたい」と、保育者も遊びに参加し、「えっ、どうして上がってくるの？」「不思議だね」と、子どもたちと思いを共有していきました。

　「えっ、どうしてやろ？」…と、しばらく考えていたＳ男が、「そうや、みずのなかやから！」「だって、ぼくらのからだも、しずまへん、うくもん！」と言うと、Ｈ男が「あっ、そうか、みずはちからもちなんや！」と言い、保育者も「なるほど！」と、感心しました。

　子どもたちが楽しんでいる姿に、保育者もいっしょになってだるま浮きをすることによって遊びのおもしろさを共有し、共振したことによって、子どもたちは「みずは、ちからもちなんや！」と、水の力に気づいたのです。

［振り返り・解説］

◆ 水の中で「からだ、しずまへん」と驚く

　子どもたちは、大好きなプールで友達とだるま浮きをして遊ぶ中で、「フワフワや、ボールみたい」「おさえても、すぐにあがってくる」と自分の心が揺り動かされ不思議に思うことから、水の中では「からだ、しずまへん、うくもん」と、"浮力"に気づいていきました。また、だるま浮きをして友達の背中を押すとすぐに浮いてくることから、「うわぁ、フワフワや、Tちゃん、ボールみたい！」と言ったことは、「フワフワ」という表現は浮力を実感したからこその言葉といえます。

　水の中は体が浮くものとして保育するのではなく、水に触れる遊びを通して、全身の感覚で子ども自身に水の特質を認識させていきます。子どもが知りたいと願い、学ぼうとする力は、水と遊ぶ中で"なぜ、体は水中で浮くのか"という気づきや発見となっています。

◆ 子どもと共に遊びのおもしろさを共有・共振する保育者

　保育者もいっしょになって、楽しそうにだるま浮きをする子どもたちといっしょになって遊びのおもしろさを共有し共振したことは、子どもたちがより「みずは、ちからもちなんや！」と、水の力への気づきを大きくしたといえます。

　自分の思いを友達に話すことで、友達もそれを受け止め

て、「みずは、ちからもちや」と実感させ、理解し合っていました。子どもひとりひとりが気づいたこと、友達と話し合うことで、友達や保育者の思いと考え合わせ、理解を深めていくといえます。

［事例❶❹］は、冬の例です。

［事例❶❹］「すごい！ つちのなかにこおりがある」
（霜柱を発見する）

　前日、水を運んで遊んだ後の土山は、ヌルヌルの状態になっていました。今朝はよく冷え込んだために、前日遊んだ土山に"霜柱"ができています。

　土山に登っていたＥ子が、「あれ？　ここをあるいたら、おとがする」と言うと、「あっ、ほんとや」とＮ子も大発見したように不思議そうです。ふたりで「こっちも、きこえる」「ここも、サクサクっていう」と、足で確かめながら、踏むと音がする場所を探しています。保育者は、土を踏む音に気づいているふたりの姿を認め、子どもといっしょに足元に手ごたえを感じながら音や感触を楽しんでいきました。

　「どうして、音がするのかな？」と、保育者が問いか

けると、音がするところを注意深く見ていたE子が、「あっ、なにかはっけん！」と言いました。その声を聞いて、周りにいた子どもたちも集まってきて、いっしょにのぞき込みました。E子は「すごい！　つちのなかに、こおりがある！」と、早速手に取って見ています。ほかの子どもたちも「きれいやなぁ！」「キラキラひかってる！」「ハリみたいや！」などと言いながら、観察しています。保育者は、子どもたちの気づきの言葉に耳を傾け、共感していきました。

　T男は「あっ、これはしもばしらや！」「ずかんにのっていたよ」と言って、図鑑を持ってきます。みんなで図鑑と見比べて、「あっ、ほんとや！」「これといっしょや」「しもばしらや」と納得しています。

　1週間後の寒い朝、畑や植木の根元に、"霜柱"ができています。

　「しもばしら、あつめよう！」と言って、バケツを持ってきたA子たちは園庭の隅にある畑に走って行きます。「あっ、みーつけた！」「ちいさいのがいっぱいある」「ほんとや、いっぱいくっついている！」「しもばしらのなかまや！」と、新たな発見をしています。

　植木の根元を探していたR子たちは、「うわぁー、こっちは、ながーいのがある！」「あっ、ほんとや」「どうし

てかな？」と、周りの土をそっと触りながら…、「そうや！　つちがフワフワやから、ながくなったんや！」と気づいたことを言っています。
　<u>保育者は、場所によって、"霜柱"のでき方や長さが違うことに気づいて発見の喜びを味わっている子どもたちの姿に共感すると共に感動しました。</u>
　細長い"霜柱"を見つけたＴ男が、大喜びで指先で摘もうとすると、「あっ、きえた！」と、驚いています。周りにいた子どもたちが、「しもばしらがとけたんや」「とけてみずにもどったんや」「ふしぎやなぁ」「うん、みずがしもばしらになるなんて、ふしぎや」「みずは、ほんとにふしぎや！」と、話し合っています。

［振り返り・解説］

◆ 土山の変化に気づき、興味を持ち、歩いて確かめる子ども

　子どもたちは、今日の土山が昨日遊んだ土山と違うことに気づいています。気づきを確かめようと歩き、土を踏みしめる音や感触から、「どうして？」と、興味を持ち、土の中に霜柱があることを発見したのです。保育者も子どもといっしょに動きながら感触を楽しみ、気づきの先を見通して「どうして、音がするのかな？」と声をかけています。子どもの

気づきからの発見に期待しているのです。

　E子は、「すごい！　つちのなかに、こおりがある！」と、発見。保育者は「きれいやなぁ！」「キラキラひかってる！」「ハリみたいや！」と、子どもたちが観察して気づいたことを話す言葉に耳を傾け、共感しています。T男が「あっ、これはしもばしらや！」「ずかんにのっていたよ」と言って、持ってきた図鑑と見比べて、「あっ、ほんとや！」「これといっしょや」「しもばしらや」と納得しています。発見の喜びを味わい、気づきを確かめようと、図鑑と見比べている姿には小さな科学者を思わせるものがあります。

◆ 霜柱の不思議さに興味津々の子どもと保育者

　同じ霜柱でも、できる場所や土による違いを、子どもたちは実際に目で見る体験を通して実感しています。また、霜柱を摘み、「あっ、きえた」「とけた」「みずにもどったんや」と、手で触ることによって霜柱が水に変化することに気づき、驚きの体験をしています。子どもたちは能動的に冬の自然に好奇心を抱き、目で見て、手で触れ、周りの状況から判断して、求知心いっぱいに霜柱にかかわり、自分なりに意味を考え、理解し、その不思議さに感嘆しているのです。

　水という自然には驚きと感動をさせる不思議さがあり、子どもたちの霜柱への興味や関心はその後も続いていきました。毎朝のように子どもは霜柱を集めて遊ぶ中で、日陰の霜

柱は溶けにくいことを発見しています。そして霜柱が溶けないように、自分の体で影をつくりながら霜柱集めをする行動となって現れます。子どもたちはみずから進んで活動に取り組むとき、知ったことは自分の生活の中に最大限に活かして自己成長しつつある生活者の行動となって表現していきます。そして、子どもは、さらなる探究を続けていく存在といえるでしょう。

　興味や好奇心に導かれてふれていく世界は、子どもにとって新たな出会いや発見に満ちており、保育者や友達と共感したり楽しんだりする中で、子どもの気づきは質的に高まっていくのです。

［第5章の総まとめ］

　本章の冒頭に挙げた倉橋惣三の言葉にあるように、保育者は、「なんのおと？」という子どもの言葉に、「何の音かな」と問いかけ、「子供の内にはいって――、子供のしている自己充実を内から指導」したといえるのでしょう。子どもは体全体で、水の流れや勢い、浮力などに気づき、また土山での霜柱発見から新たな霜柱作りをするようになっていくなど、さまざまな気づきや発見が……。子どもが自己充実して活動する大切さを思います。

第6章
光に気づいて遊ぶ

倉橋惣三の ことばより　本章のはじめのことばとして

相手が幼児期であるとき、目的の方へひっぱって来るより外仕方がないというふうに考えられたりします。しかし、それは全く逆でありますまいか。相手が幼ければ幼い程、対象の方へこっちから手を伸べていくのでなければならないのではありますまいか。

倉橋惣三選集　第一巻　　幼稚園真諦　P.16

幼児がいかなる心もちにあるかを共鳴して、それに応じていかなければならぬ。この意味において、幼児教育は共鳴をもって初めてこまやかに行なわれるといわれる。

倉橋惣三選集　第三巻　　就学前の教育　PP.433-434

保育者は、子どもが「気づき」、不思議を感じているところへ出かけ、子どもと同じ目線に立って不思議に思っている気持ちに共感できることが重要です。

◆ 子どもにとって光は不思議な存在

子どもは新生児のころから光刺激に対してとても敏感です。アメリカの幼児心理学者のダニエル・スターン博士は、ジョーイという赤ちゃんの立場から書いた著書、『もし、赤ちゃんが日記を書いたら』(亀井よし子・訳　1992草思社)の中で、生後6週間のジョーイの関心をとらえてはなさないのは、「四角いお日さまの光です」といっています。生後1年8か月になったジョーイは、部屋の壁と床にお日さまが当たっているのに気づいて、「黒っぽい木の床に落ちたお日さまの光に近づきます。心を奪われた彼は、やがて四つんばいになって、そのお日さまの光を見つめます。手でさわってみます。――中略――朝の光だ。壁でゆっくりと踊ってる。あれあれ、床にはプールができている」(P.166～167)と記しています。子どもは生後間もないころから、お日さまの光に強い関心を示しているのです。子どもにとって《光》は、不思議な存在であり、興味や関心を引き付けて離さないものです。

◆ 遊びの中で気づいているさまざまな光

光は、身の回りに満ちあふれ、あたりまえの存在です。園の中でも子どもは、太陽のまぶしい光を感じて、思わず目を

手でおおったり、プールでの遊びのときに見つけた水面に太陽の光がキラキラ反射するさまから、「わぁ きれい！」「キラキラや！」と言いながら見つめています。植物の芽が明るい方向に向かって伸びていることに気づき、「あっ、みーんなこうやってるよ！」と、芽が伸びているようすを自分の体で表現します。夏、花壇の花に水やりをしているときにできた虹に「うわぁー、ちっちゃい"にじ"ができている！」「あか、きいろ、みどり、あお、むらさきもある！」と歓声を上げて、虹の色を観察する姿が見られます。「おひさま（の光）があたるとこはあったかい」と、ひなたぼっこをしておもしろがります。「かげが、おいかけてくる」「かげが、かくれた」と言いながら遊ぶなど、子どもは、身近な自然からの不思議の「気づき」には、尽きることがありません。

◆ **子どもの光に対する気づきに共感**

子どもが興味を持つ光は、私たちが生きていくうえで、なくてはならないものであり、光があるからこそ、生命が誕生し、生物は、進化してきたのです。光がなければ物の形も、色も、影も、鏡に映る物も、何も見ることはできません。こうした《光》が持つ本質的な力を、子どもは自分なりに直感的に見抜いて楽しんで遊びます。それは、自然事象の特質や不思議さなどに興味を深め、子どもなりに、さらに知りたいと願い、好奇心を高めていく姿といえるのではないでしょうか。

保育者も、身近な生活の中の光に気づいた子どもに共感し、共に驚いたり、感動したり、いっしょに考えたりして遊ぶことで、子どものもっと知りたいという好奇心が高まり、みずから学ぶ力が身についていくといえるでしょう。
　子どもたちが《光》を感じて遊ぶ中で、「おや？」と気づいたことを見逃さずに受け止めて、子どもらしい注意力や観察力や探究心が高まり、驚きと発見の体験ができる保育を展開し、美しさやおもしろさ、不思議さなど光の持つ性質を体感し、実感させたいものです。

　本章にも、すてきな事例を集めてあります。何らかの意図を持ちつつも、子どもと同じ視線に立ってかかわり、共感し、共に喜びを味わっている保育者の姿を読み取り、より楽しい保育に活かしていきましょう。
　［事例❶］の《光》は、キラキラ光る水滴にありました。

［事例❶⑤］「あっ、まんまるや！」

（キラキラ光る水滴、発見）　　(3歳児)

　7月上旬、園庭のツツジの枝にクモの巣が掛かっていました。クモの巣に水滴が付いて、そこに太陽の光が当たり、キラキラ光っています。

　3歳の子どもたちといっしょに花壇の草花に水やりをしていた保育者は、子どもがクモの巣の水滴にどんな気づきをするのか、楽しみに見守りました。すると、J子が水滴に気づいて、「あっ、まんまるや！」と、驚いています。保育者は「ほんと！　まんまるやね」と共感し、J子の気づきとJ子らしい表現にうれしくなりました。そこにH子もやってきて、いっしょに水滴を見ています。「ビーだまみたいや」とJ子が言うと、「ちっちゃいたまごみたいやで」とH子。ふたりは「きれいやなぁ」「うん、キラキラや！」などとおしゃべりしながら、水滴に見とれています。保育者はふたりの言葉に耳を傾け、J子やH子の気づきをていねいに受け止めていきました。

［振り返り・解説］

クモの巣についた水滴を発見したJ子とH子は、「まんま

るや」「ビーだまみたいや」「ちっちゃいたまごみたいや」と、小さくて、丸くてという形に興味を持ち、キラキラ光っている…などといった特徴に気づき、友達と共感し合っておしゃべりをしています。

　水滴は、3歳の子どもの感性を十分に揺さぶるものだったようです。キラキラ光るのは、太陽の光が当たっているからですが、小さな水滴と《光》の関係については未だ気づいていないようです。キラキラ光る水滴は、子どもが思わず触りたくなる環境であり、子どものかかわりによってさまざまに変化する応答的な環境だといえるでしょう。

　［事例⓰］では、天井の"もやもや"になった《光》のおはなしです。

［事例⓰］「なにか、もやもやって、うごいている！」
（テラスの天井に、もやもや発見）
（4歳児）

　水が入ったタライの水面に太陽の光が反射して、テラスの天井に影（反射光）ができています。保育者は、子どもがどのような気づきをするのか楽しみに見守っていました。

　天井の影に気づいたA男が、「あっ、あれ、なに？」

と言って、見ています。「えっ、Ａちゃん、どうしたん？」とＳ男。Ａ男は、「ほら、あれ！ なにか、もやもやって、うごいている！」と、影を指さし、「ほんとや！ なにかな？」と不思議そうに天井を見上げています。

　そのとき、突然、影が消え、「あっ！ もやもやがきえた！」「なんでかなー？」とふたりが騒いでいると、他児も集まってきました。Ａ男が天井を指さして、「あそこに、もやもやがあったんや！」と言うと、「えっ、もやもやって、なに？」とＮ男。Ａ男とＳ男は自分たちが見た"もやもや"をわかってもらおうと手を動かして"もやもや"を表現しようとしています。

　再び、天井に影が現れました。「あっ、もやもやがでたー！」とＡ男。他児は「わぁ、ほんとや！」「もやもやや！」「もやもやーって、うごいている！」「おばけみたいや」と口々に言って、天井を見つめています。現れたり、動いたり、形がさまざまに変化する不思議な影（もやもや）に、子どもたちは興味津々です。

　Ａ男が、辺りを見回しています。なぜ、"もやもや"ができるのか、不思議に思い、その"もと"を探しているようです。Ａ男は、"もやもや"とタライの水面との関係に気づきました。水面を触って、影が変化することを確かめています。そして、「あっ、わかった！これが、

うつってるんや！」「みとってよ」。みんなは、Ａ男の手元と、天井の影をじっと見比べ、「ほんとや！」「Ａちゃん、すごーい！」と納得です。保育者も、「ほんと、Ａちゃん、大発見やね」と、認めました。

　翌日、引き続いて試したり確かめたりできるよう、保育者は水を入れたタライを置いておきました。「もやもや、はっけん！」と、Ｓ男、Ｒ男、Ａ男たちはタライの水に触りながら、もやもやの形や動きが変化するようすを見ておもしろがっています。もやもやの所に、自分の手の影が映っていることに気づいたＳ男が、「ほら、みて！」と驚いています。「うわぁ、ほんとや、Ｓちゃんのてがうつっている！」「Ｓちゃんのてのかげや！」「そうや、もやもやは、かげなんや」「うん、このみずのかげなんや！」と友達同士で話しています。保育者は、引き続いて興味を持っているようすを見守っていましたが、「そう！　もやもやは、かげだったの？」「すごーい、また、大発見やね！」と、子どもの気づきに感心しました。

　午後、天井に映る影の位置が移動しています。子どもたちが影の位置の変化に気づくかな？と期待していますと、「せんせい、もやもやがうごいている！」「なんでかな？」と、Ｒ男とＡ男は不思議そうにしていましたが、

「そうや！たいようがうごいているからや！」とR男。保育者が「えっ、太陽がうごいているの？」と、問いかけると、「うん、そうやで、あさは、あっちにあったけど、いまは、こっちやろ」と得意そうです。「なるほど、ほんとやね。すごーい！」。子どもたちはもやもやのもとは太陽の影だと気づいたようです。

[振り返り・解説]

◆ 子どもの疑問を受け止め、いっしょに考える保育者

　4歳児の活動です。テラスの天井に映った"もやもや"に気づいた子どもたちは、不思議な形や動きをする影が、突然に現れたり消えたりするおもしろさに興味津々です。A男とS男は、"もやもや"の不思議さや形や動きをどう表現すれば友達に伝わるのか考えながら、身ぶりや手ぶりで一生懸命に伝えています。"もやもや"の動きを楽しむうちに自分の手が映ったことから、「そうや、もやもやは、かげなんや」「みずのかげなんや」と言います。"もやもや"とタライの水面との関係に気づいたA男は、気づいたことを確かめようと水面を触り波立たせて、"もやもや"が変化することから、その"もと"が水面と関係があることを発見し、ほかの子どもにも伝えています。保育者も子どもの疑問を受け止め、「ど

うしてかな？」と、いっしょに考えました。

　"もやもや"とタライの水面との関係に気づいた子どもたちは、翌日も、タライの水面に触って遊び、自分の気づきを確かめています。自分の手の影が映ったことから、"もやもや"は、タライの水に太陽が反射してできた「水の影」であることに気づいたようです。午後になると、次の課題が生じて「どうしてかな？」と考えています。天井の影の"もやもや"の位置が午前と異なり、東側に移動している変化に気づいたのです。保育者も、子どもの疑問を受け止めいっしょに考えているうちに、子どもは自分が立っている場所から見て、「たいようがうごいているから」と、太陽の位置が朝と午後では違うところにあると、子どもたちなりに自分の答えを見つけ出しています。

　［事例❶］も、［事例❶］につらなる「水滴の光」からの気づきです。同じ水滴でも、さまざまな気づきをもたらします。

［事例❶］「ねっ、うつっているでしょ！」
（3歳児）

　10月中旬の雨上がりの日。雨上がりの園庭の遊具やフェンスなどに、雨粒がきれいに並んでぶら下がってい

ました。保育者は、子どもたちの気づきに期待していると、Ｎ男が、「あっ、エダマメや！」と言って、フェンスを指さしています。「えっ、どこ？」と、保育者が驚いて尋ねると、Ｎ男はフェンスに近づいて行って、「ここ！」「ほら、エダマメみたいやろ」と、雨粒を指さしました。きれいに並んで、ツルンとした雨粒を見てＮ男は"エダマメ"をイメージしたようです。保育者は、「ほんと、エダマメみたいやね」と言ってＮ男の発見に共感しました。

　Ｎ男は、指先でそっと雨粒に触れて、「あれ？　なくなった！」と驚いています。Ｒ子、Ｓ子、Ｈ男たちもやって来て、Ｎ男のまねをして雨粒に触れると、「あっ、ほんとや」「なくなった！」「エダマメがきえた！」「なんでかな？」などと言いながら次々と試します。手で触ると、雨粒がなくなることがおもしろくて、不思議でたまらないようです。保育者もいっしょに遊び、子どもたちと思いを共有していきました。

　Ｓ子は、雨粒に顔を近づけて、じっと観察しています。保育者はＳ子の気づきを見逃さないようにしようと思い、見守っていました。雨粒に自分の顔が映っていることに気づいたＳ子は、顔をゆっくりと左右に動かして、「あっ、Ｓちゃんがユラユラすると、こっち（雨粒

に映っているもの）もユラユラする！」と、驚いています。保育者は「えっ、どこ？」と、雨粒をのぞき込み、S子の動きのまねをしました。「ねっ、うつってるでしょう！」と、自分の発見に得意そうなS子。保育者は、「うわぁ、ほんと！ 映ってるね」と言って、雨粒をのぞき込むと、自分の姿や周りの景色が映っていることに気づいたS子の驚きや喜びに共感しました。

[振り返り・解説]

◆ 水滴は子どものかかわりによって変化する応答的環境

　[事例❶]では、J子は、花の水やりをしていて、クモの巣に付いた水滴を発見しています。水滴を観察し、「まんまるや」「ビーだまみたいや」「ちっちゃいたまごみたいや」と、小さくて丸いという形に興味を持ち、キラキラ光っている…などの特徴に気づき、友達と共感し合って話しています。[事例❶]の10月の雨上がりに見られる水滴すなわち雨粒には、「エダマメ」とその形を言い表し、触れて雨粒が変化したことを「なくなった」と表現しています。同じ水滴でも、場所や気づき方によって表現が変わってきます。3歳児にとってこの「気づき」は大きかったのでしょう、何度も試しています。次に水滴に顔が映ることに「気づき」、自分の体

を揺らし「あっ、Sちゃんがユラユラするとこっちもユラユラする」と映り方にも興味を示しています。

　N男の雨粒への「気づき」は、ほかの子どもにも広がり、雨上がりの度に、雨粒を探して遊びます。3歳児が、感じたままの言葉で思いを表し、気づいたことは何度も試し自分のものにしていっていることがわかります。保護者も、雨上がりのお迎えのときなど、子どもの発見に耳を傾けていっしょに雨粒で遊ぶ姿が見られたといいます。

　子どもが自分自身の「気づき」を心から楽しみ学んでいる姿に、保護者はいたずらっ子と思っていたわが子のすばらしさに気づき、自分の子どもに対する見方が変わっていきました。子どもの遊びに保護者が巻き込まれ、いっしょに観察して楽しむ姿となっていったのです。子どもの「気づき」が、周りの人々の興味を誘い、関心を持たせ、楽しませ、生活の中にしっかりと位置づいていったといえます。

　3歳の子どもの感性を十分に揺さぶり光ったり物を映したりする水滴は、子どもが思わず触りたくなる環境であり、子どものかかわりによってさまざまに変化する応答的な環境であったといえます。

　［事例❶⓼］では、3歳児らしい影への気づきを、"うれしく思う"という感性でとらえる保育者のあり方を読み取って

ください。

［事例❶］「あっ、おはながうつっている」

（影を発見する）

（3歳児）

　昼寝から起きたときに、窓のカーテンを開けると保育室にサッと日が差し込んできました。「うわぁ、まぶしい！」と、R子は両手で目をおおっています。N男は、「あつーい！」と言って、布団に潜り込みます。<u>保育者は、子どもたちが、光を実感していることをうれしく思って、光に対する気づきのチャンスだと考え、子どもたちの言葉に耳を傾けていきました。</u>

　J子は、床に観葉植物の影が映っているのを発見して、「あっ、おはながうつっている！」と、驚いています。他児も、「えっ、どこ、どこ？」と興味を持ち、「ほんとや！」「あっ、まどのかたちもうつってる」「あっちにも、うつってる」…と、いろいろな場所に映る、いろいろな形の影を見つけて、喜んでいます。保育者は子どもの気づきをていねいに受け止め、共感していきました。

　N男は「あっ、Nちゃん（自分）みーつけた！」と、自分の影が床に映っていることに気づいています。N男の声を聞き、他児も自分の姿を見つけて驚いています。

自分がポーズを変えると影も変化することに気づき、影遊びを楽しんでいます。保育者も子どもたちと共に遊び、影発見の喜びを共有していきました。

　その後、子どもたちは、テーブル、銀紙、やかん、水たまりなどなど、身の回りのさまざまな物にも自分の姿が映っていることを発見して、「あっ、うつっている！」「ここにも、うつっている！」と驚いたり喜んだりしています。保育者は、「ほんとや、映っているね」と言って、子どもの発見を受け止め共感していきました。

　作って遊ぶコーナーに、銀紙やアルミシールなどを置いておくと、作るのが好きなＨ子が厚紙にアルミシールをはっています。でき上がると、「ほら、Ｈちゃんがうつっている！　かがみみたいよ」と言って、うれしそうにのぞき込んでいました。

［ 振 り 返 り ・ 解 説 ］

◆ 気づきをタイミングよく受け止め、より確かなものに

　昼寝から目覚めた３歳児が、「まぶしい！」「あつい！」と、窓から差し込む光を実感したことから、床に映った影に気づいています。子どもが影の存在を意識しだしたことを受けて保育者は、「えっ、どこ？」と、子どもの気づきをタイミン

グよく受け止めていっています。J子が見つけた床に映る影の気づきは、身の回りのいろいろな形の影を見つけることにつながり、友達と影のまねっこをする遊びに展開し、影遊びのおもしろさを実感して楽しんでいます。床に映った自分の影で自分という存在を意識し、自分の姿をいろいろと変化させると影も同じように変化することがおもしろいので、何度も繰り返して楽しんでいます。

　保育者は、映ることに興味を持った子どもの興味の幅を広げるように、作るコーナーにさまざまな素材を用意しています。気づきをさらに確かなものにしているのです。

　［事例⑲］では、色つきの影での気づきを活かします。

［事例⑲］「あっ、みどりいろのかげや！」

（色が付いた影、発見から、ツリー作りへ）　　　（3歳児）

　水栽培のヒヤシンスの根が伸びてきたので、明るい窓辺に移動させると、その容器に太陽の光が当たり、色の付いた影ができています。<u>保育者は、子どもたちが色の影から、どのような気づきをするのか、楽しみに見守っていると</u>、「あっ、みどりいろのかげや！」「えっ、ほんとや」「こっちは、あおや！」と、色が付いた影を発見し、

驚いています。

　保育者は、「うわぁ、ほんとや!」と子どもの気づきを受け止めて、「何の影かな?」と問いかけました。すると影の周りを見渡し、水栽培の容器を指さして、「これや!」「これが、うつっているんや」「すごーい! きれいなぁ!」「うん、ふしぎや!」と、友達同士で気づきを伝え合い、共感し合っています。「ほんと、きれいな色の影ができたね。不思議やね」と、保育者も共感し、色が付いた影で遊べないかと、考えました。

　保育者が作ったツリー(透明のプラスチックカップに、油性ペンで色を塗り、その上にツリーの形に切った画用紙をかぶせる)を窓辺に置くと、太陽の光が当たって、きれいな色の影ができました。H子は、「うわぁ、きれい!」と、興味深そうに見つめています。「Hちゃんもつくりたい!」とH子が言うと、「Aこも」「Jちゃんもつくる」と、次々に集まってきました。

　そこで、保育者は透明プラスチックカップと、赤、黄、緑、青色などの油性ペンを準備しました。興味を持った子どもからプラスチックカップに好きな色を塗って窓辺に置くと、太陽の光が当たり、色とりどりの影ができました。「うわぁ、きれい!」「でんきがついたみたい!」と、大喜びです。保育者は、「ほんと、きれいね」「赤と黄色

と、青と…、いろんな色があるね」と、子どもの思いに共感して言葉をかけていきました。また、もっと美しい影ができるように、ツリーの下に白い紙を置きました。
　影を、じっと見て楽しんでいたＨ子は、自分の手に、色の影が映っていることに気づいて、「ほら、みて！Ｈちゃんのてにも、でんきがついたよ」と、驚いています。「うわぁ、ほんと、Ｈちゃんの手にも、影が映っているね」と認め、保育者もいっしょに遊んでいきました。
　手だけでなく、服にも、上靴にも…いろいろな所に色の影が映ることを発見して、保育者や友達と伝え合って楽しみました。

[振り返り・解説]

　子どもたちは色が付いた影を発見して、それがプラスチック容器の色の影であることに気づいて、「きれいなぁ」「ふしぎやなぁ」と友達と伝え合っています。保育者は子どもの気づきを受け止め、色の付いた影の遊びができないかと考え、透明のプラスチック容器に油性ペンで色を付け、窓辺に置いておきました。子どもたちは、保育者の作ったツリーの、影の美しさに興味を持ったことから、ツリー作りが始まります。子どもたちが作った赤、黄、緑、青色などで色付けされ

たツリーを窓辺に置くと、太陽の光が当たって色とりどりの影ができ、「うわぁ、でんきがついた、きれい！」と大喜びです。影絵のような色とりどりの影の美しさや不思議さを、友達といっしょに味わっています。

［事例❷⓪］「あっ、にじはっけん！」
（光に気づいて遊ぶ） （3・5歳児）

　1月上旬、窓辺に飾ったガラス球に太陽の光が当たり、保育室のあちらこちらに、小さな虹ができています。「あっ、にじはっけん！」と、H子。子どもたちは、「こっちにもあるよ」「ここにもある！」と、虹を発見し、友達と伝え合って喜んでいます。保育者は、「あっ、ほんと！虹きれいね」と、子どもたちの発見に共感し、「どうして虹ができたのかな？」と、問いかけました。「えっ？」と、周りを見回して虹のもとを探す子ども、じっと虹を眺めて、その美しさに感動している子どもなどさまざまです。N男は「たいようのかげや」と、得意そうです。保育者は「ふーん、なるほど！そうやね」と、N男の考えを認めました。

　子どもたちが集まって来ると光が遮られて、虹が現れたり消えたりしています。S男は布団ダンスのカーテン

に映った虹を見つけて、触れようと近づきますが、自分の影で虹が消え、「あっ、にじさん、かくれた！」と驚いています。<u>保育者は「えっ、虹、どこへ行ったのかな？」と声をかけて、Ｓ男の気づきに期待しました。</u>

　しばらくして、「にじさん、かくれんぼしとんやで」と、Ｓ男。そーっと、布団ダンスのカーテンを開けると、中の布団に虹が浮かんでいます。「ほら、にじさん、みーつけた！」と、うれしそうです。保育者は、「あっ、ほんと！　虹さん、かくれんぼしていたのね」と、Ｓ男の３歳児らしい表現を受け止めていきました。

　Ｓ男の、虹発見の喜びを聞いた５歳児が、虹に興味を持って見に来ました。５歳児は、早速虹を見つけると、「あっ、ほんとや！」「きれい！」と、大喜びです。そしてすぐに、「えっ、どうしてにじができるん？」と言うと、窓辺にある花瓶や植木鉢などを次々に手に取ってみて、虹のもとを探し始めますが、見つからずに、「ふしぎやなぁ」「どうしてかな」と言っています。どうして虹ができるのか不思議に思い、そのもとを自分たちで予想しながら探っていく、<u>５歳児の積極的な姿に保育者は感心し</u>、３歳児といっしょに見守っていきました。

［振り返り・解説］

◆ 問いかける保育者に自分なりに考えて表現する子ども

　3歳児は、光がガラス球（プリズム）を通って曲げられて生じた、七色の帯（虹）を発見し、その美しさに感動して喜び友達に伝え合っています。保育者に「どうしてかな？」と、問いかけられた子どもたちは、「えっ？」と、受け止めています。虹の原因を探るN男は、今までの経験から「たいようの、かげや！」と、自分なりの言葉で表しています。どう答えるのがよいか咄嗟に判断できなかった保育者は、「そうやね」と、N男の言葉を認めざるを得ないような受け止め方をしています。

　S男は、虹が現れたり、消えたりするおもしろさを、遊び体験から"かくれんぼ"と表現しています。3歳児らしい表現です。S男は、5歳児クラスに虹があることを知らせに行っています。5歳児は、虹を発見して喜ぶだけでなく、すぐに、どうして虹ができているのか不思議に思い、その"もと"を探ろうと、友達と考え予想しながら、積極的に身の回りの物にかかわっていきました。3歳児は、5歳児のそのような姿を、興味深そうにあこがれを持って見つめています。

[第 6 章の総まとめ]

　本章の冒頭に挙げた倉橋惣三の言葉にふれて、「そうは言っても……」と感じる方もいらっしゃるでしょう。わかります、その気持ち。でも、もう少し急がず、待ってみましょう。あなたの願いが子どもたちにとって本当に大切なことならば、子どもたちはきっと育ってくれます。

　あなたが、子どもに寄り添い、「子どもたちが気づく」ために努力していれば、必ず。

　子どもたちの感性や伸びる力を信じていけば、楽しい保育への道はおのずと開けます。

　光を感じる心を、子どもと共に待ちましょう。

終章

子どもの「気づき」のための環境構成と保育者の役割
～"おわりに"としても～

倉橋惣三のことばより　本章のはじめのことばとして

「先生が自身直接に幼児に接する前に、設備によって保育する」
「設備は、ある場合におきましては、自然の状態のままを利用していることもありましょうが、それにしても、幼稚園という中に取入れられている限りでは、その設備の背後には、先生の心が隠れているわけです」
「設備の心の中に、先生の教育目的が大いにはいっている」
「設備を通しているのですから先生の教育目的が幼児の生活へ直接的にはぶつかって来ません」

倉橋惣三選集　第一巻　幼稚園真諦　P.32

先生にはぜひ創造性が必要であります。すなわち、誘導保育では、始終先生が自ら工夫して、先きに先きに生活しているのであります。何か前に用意しておいて、子供を誘導するやり方でなければなりません。そのために先生の創造性が必要です。

倉橋惣三選集　第一巻　幼稚園真諦　P.85

子どもは、自然にふれることでさまざまな「気づき」をしています。その「気づき」に寄り添うことで、本書の［事例］にあるように"保育のタネ"が詰まっていることが見えてきます。

◆「気づき」と子どもの主体性をはぐくむ保育

　保育者が子どもの「気づき」に共感し共有することは、子どもから学ぼうとする姿勢であり、子どもがみずから進んで活動する姿を見守るということです。子どもが気づいていることに対して、保育者が「本当だね」「すごいね」「どうしてかな」と心を傾けて聞き、寄り添うことで、気づいたことの本質探しが始まり、子ども自身で解決の糸口を見つけようとしていきます。

　保育者は、子どもの「気づき」を待てないで、「ほら、見てごらん、〇〇しているよ」と教えたい気持ちが先に立つかもしれません。しかし、倉橋惣三は、「相手が幼ければ幼い程、対象の方へこっちから手を伸べていく」（倉橋惣三選集　第一巻　幼稚園真諦 P.16）と述べています。保育者は、子どもが気づいて不思議を感じている同じ目線に立ち、その気持ちに共感することが重要です。それは、保育者の中に、保育の中心に子どもが主体的に活動する主人公としてしっかり据え、主体性を育むという心構えがあるということです。

　子どもはみずから進んで活動に取り組むとき、子どもの持

つ力を最大限に発揮させ、伸びる可能性も最大になります。子ども中心の保育は、子ども自身が気づいて次々とわき出るイメージやアイディアなどを活かした遊びの広がりを大切にすることだといえます。

保育者は、子どもひとりひとりの発達を促す環境を計画的に構成するとともに、子どもが園生活の中で、何に「気づき」、発見し、求知心を持って遊んでいるかについて知り、生き生きと主体的に遊びが展開するよう援助することだといえます。

◆「気づき」や「考える」ことを大切にする子ども中心の保育

子どもは考えたことや気づいたことなど、自分の気持ちが揺り動かされると、だれかに伝えたいのです。それは、事例にあるように、水滴に対しても「まんまる」「ビー玉」「たまご」「エダマメ」「うつっている」と知っていることを、気づいたことを話す言葉にも現れています。何気なく思ったままに話している言葉のように思えますが、よく観察し、感動し、考えているから言葉となったのです。

気づいたり考えたりしたことについて話しながら、さらなる「気づき」をしています。「あれっ？」「どうしてかな？」と疑問に思ったり、友達の考えを認めたり、「やっぱり、○○だったんや」と、子どもたちなりに答えを見つけたりしていきます。子どもたちは、友達といっしょにいろいろなこと

に気づいて遊ぶ中で、豊かな心が積み重ねられ、好奇心や探究心、思考力がはぐくまれ、言葉やコミュニケーションとなって表現されていくのだといえます。

　保育者が発する言葉は、子どもを認める、共感する、問いかける、考えさせる、次はどうなるのだろうと子どもの活動に期待する言葉です。子どもに考えさせ、判断できる子どもに育ってほしいと願うなら、保育者は、子どもから発する言葉を待ち、自分で思考し、みずから学んでいく、子ども中心の保育が大切です。

◆ 子どもの「気づき」と環境構成

　子どもを取り巻く環境である自然は、それ自体が「ふしぎだなぁ」という子どもの感動を引き出すものがあります。自然は、子どもの諸感覚を通してさまざまなことに気づき、求知心を高め、子どもを学ばせる要素を多く含んでいます。子どもは、気づくと、試し、「なるほど、そうなんだ」「わかった」と、繰り返し遊びながら納得し、みずから学んでいきます。

　園生活の中では、本書のＰ.51〜52に紹介した［事例❼］にあるように《風》という瞬時の変化という予期しないことが起こります。保育においては、この「瞬時」を見逃さずに活かす保育者の心持ちと、援助が求められます。瞬時の出来事を活かし、気づきがより確かなものとなり遊びが発展する

よう環境を整えていくのです。子どもの気づきに寄り添い、環境を整えることで、子どもはみずから環境にかかわり意欲的に活動していきます。子どもが物事に集中して取り組み、十分に満ち足りて遊んでいく体験は、子ども自身を発達させる礎となっていきます。

　保育者が「気づき」という子どもの心の動きから遊びの方向性を読み取り、環境を整えていくことは、本章の冒頭に挙げた倉橋惣三の、「設備の心の中に、先生の教育目的が大いにはいっている」という言葉が、的を射た言葉だといえるでしょう。

◆「気づき」から保育を創造する保育者

　自然にかかわって遊ぶ中で、子どもが気づいたことを活かして創造する保育は、「もっと知りたい」という知的好奇心や探究心、思考力をはぐくむことにつながっていきます。

　環境を整えることは、保育の要であり、保育者の保育観を環境に反映させます。自然は、子どもの諸感覚を通してさまざまな気づきや発見、感動を与え、好奇心を高め、子どもを遊ばせる要素を多く含んでいます。子どもは、気づきを強く意識するというよりは、「なぜ？」「どうして？」「ふしぎやな」「おもしろいな」などと、諸感覚を通して子どもの内面に浮かび上がらせているのです。保育者が、子どもの心の動きに共鳴し、思いをくみ取り、共感し、言葉をかけることなどに

よって、「気づき」が価値あるものとなり、子どもの生活を豊かにさせることになっていきます。保育者は子どもの「気づき」を受け止めていかないと、子どもは気づいていることを表現しなくなるかもしれません。

　子どもは気づくと→試す→「なるほど、そうなんだ、わかった」と実感し、納得し、繰り返し遊びながら学んでいきます。そこには「どうしてかな？」と疑問を投げかけたり、共に考えたり、遊びの図鑑や作って遊ぼうといった本や、遊びに必要な素材や用具を整えたりしながら、子どもの気づきを期待して見守る保育者の姿があるのです。

　子どもは周りの世界に気づき、関心を抱き、それを活用して自己実現に向けて考えたり工夫したりします。さらにはその過程で自分の感じたことを友達に伝え、相手の反応を受け止めることで、子どもは自分自身の世界を意味づけたり価値付けたりして広げていきます。

　保育者は子どもが気づくであろうことを期待し、あらかじめ準備し、必要が生じたときすぐさま環境を整えることは、保育を創造していくうえで極めて重要だといえます。

　子どもの気づきを活かす保育は、子どもを生き生きと活動させます。「気づき」の中には"保育のタネ"がいっぱいです。

　子どもは自然に触れることでたくさんの「気づき」と驚き

を経験し、森羅万象の不思議さから知見を深め、豊かな人間に育っていきます。子どもの気づきに学びながら保育が楽しいなぁと保育を創造してくださることを祈っています。

　本書は、「気づき」を活かした保育の大切さについて保育学会や研究会の口頭発表、研究紀要等の事例を中心に一部加筆と修正を加えてまとめたものです。

　共同研究でいつもすばらしい実践事例を提供して下さった後藤和佳子さん、荒井まこよさん、北野和子さん、棟安奈保美さん、姫路保育内容研究会のメンバーの先生方の実践にはいろいろと学ばせていただきました。

　最後になりましたが、本書を編集するにあたっていろいろとご指導くださいました、ひかりのくにの安藤憲志さま、ありがとうございました。厚くお礼申し上げます。

●著者紹介

森川　紅（もりかわ　くれない）

兵庫教育大学大学院学校教育研究科（幼児教育学専攻）修士課程修了
元　姫路日ノ本短期大学教授
兵庫県姫路市において私・公立保育所に40年近く勤務（所長職も経験）の後、四條畷学園短期大学、武庫川女子大学、南海福祉専門学校、園田学園女子大学等でも非常勤講師として保育者養成に携わる。

主著　『異年齢児のあそびと計画』　ひかりのくに
　　　『保育内容・表現』　同文書院
　　　『保育実習の展開』　ミネルヴァ書房
　　　『現代生活保育論』　法律文化社
　　　『子どもの育ちと教育環境』　法律文化社
　　　『児童文化』　保育出版社

●各章冒頭並びに本文中の「倉橋惣三のことば」の引用について
引用に関しては『倉橋惣三選集』第一巻〜第三巻（フレーベル館・刊昭和40年発行）によりました。

保育の楽しみ方がわかる本

2012年2月　初版発行

著　者　森川　紅
発行者　岡本　健
発行所　ひかりのくに株式会社
〒543-0001　大阪市天王寺区上本町3-2-14　郵便振替 00920-2-118855
〒175-0082　東京都板橋区高島平6-1-1　郵便振替 00150-0-30666
ホームページアドレス　http://www.hikarinokuni.co.jp
印刷所　図書印刷株式会社

乱丁・落丁はお取り替えいたします。　　　　　　　　　　Printed in Japan
検印省略 ©2012　　　　　　　　　　　　　　　ISBN978-4-564-60805-6
　　　　　　　　　　　　　　　　　　　　　　NDC376　112P　18.8×13.2cm

Ⓡ 本書の全部または一部を無断で複写複製(コピー)することは、著作権法上での例外を除き、禁じられています。本書からの複写を希望される場合は、日本複写権センター(03-3401-2382)にご連絡ください。